G2O
— 杭州峰会论丛 —

主 编 权 衡

副主编　赵蓓文　胡晓鹏

G20杭州共识与"一带一路"倡议背景下亚洲经济一体化新发展

盛垒 等／著

上海社会科学院出版社
SHANGHAI ACADEMY OF SOCIAL SCIENCES PRESS

丛书编委会

主 编
权 衡

副主编
赵蓓文 胡晓鹏

顾 问
张幼文 徐明棋

编委（以姓氏笔画为序）
孙立行 苏 宁 沈玉良 周 宇
黄烨菁 盛 垒

目　录

第一章
导论:逆全球化思潮与亚洲经济
一体化的全球意义

第一节 经济全球化困境与逆全球化兴起

2008年国际金融危机爆发后,作为世界经济发展重要驱动力量的经济全球化发展遭遇阻力,反经济全球化思潮高涨,逆全球化行为此起彼伏,给世界经济实现强劲、可持续、平衡、包容地增长带来新的不确定影响。在经过上一轮近20年快速发展以后,当前经济全球化陷入低潮期,面临以下几个重大挑战[1]:一是世界经济增长乏力,经济全球化发展的良好环境缺失。在经济全球化中,不同国家、不同阶层掌握的资源、所处的位势和参与的程度等存在明显差异,不可避免地出现获益不均的问题。在世界经济上行期,增量财富创造速度较快,国家之间、群体之间收入分配差距虽在拉大,但增长带来的"蛋糕"做大效应可以缓和或掩盖这一矛盾。因此,这个阶段多数国家和群体会支持经济全球化,支持削减跨境贸易投资壁垒。但在世界经济下行期,全球经济"蛋糕"不易做大甚至变小,分"蛋糕"的难度加大,竞争也更趋激烈,前期被掩盖的矛盾就会浮出水面、逐步凸显出来,使反全球化有了一定的市场并获得较多支持,各类保护主义势头也就有所抬头甚至不断加剧。相关研究表明,当前世界经济仍处在第五轮长周期下行阶段,新旧增长动能尚未

---

[1] 吴润生,杨长湧.经济全球化面临四个重大挑战[N].经济日报,2017-03-17.

有效接续,主要经济体潜在增长率普遍下降。世界经济长期低迷使得经济全球化发展环境更加恶劣,这为一些人将困扰世界的问题甚至国内的矛盾归咎于经济全球化提供了借口。

二是全球经济治理改革滞后,经济全球化发展有效机制缺失。经济全球化健康发展需要良好的全球经济治理,需要兼具高效性、包容性和安全性的国际经贸规则体系,以推动全球生产要素自由流动、资源高效配置、市场深度融合,充分反映各国利益诉求和主张,防范经济紧密联系情况下可能出现的各种风险。当今世界,随着国际力量对比发生深刻变化、新兴市场和发展中国家群体性崛起,经济全球化进入金融全球化和全球价值链构建的新阶段,现有全球经济治理体系改革明显滞后,存在有效性不足、包容性不足、安全性不足等问题,已难以适应经济全球化持续健康发展的需要①。

三是全球发展失衡加剧,经济全球化发展普惠模式缺失。经济全球化是一把"双刃剑",既带来正效应,也带来负效应。正效应主要体现在增长方面,负效应主要集中在分配问题上。"冷战"结束以来的经济全球化,在促成贸易大繁荣、投资大发展、人员大流动、技术大扩散的同时,也带来获益不均的问题,导致全球发展失衡加剧,不同国家之间、不同群体之间贫富差距拉大。从不同国家看,发达经济体在经济全球化中处于主动和强势地位,其获益要远大于新兴经济体和广大发展中国家。一些发展中国家长期处于能源原材料输出国地位,贸易条件恶化、债务负担沉重、金融风险增加。不少发展中国家在国际分工体系中被长期锁定在中低端环节。从不同群体看,高收入群体与低收入群体之间的收入差距进一步拉大,全球最富有的 1% 人口拥有的财富量超过其余 99% 人口财富的总和,全球仍然有 7 亿多人口生活在极端贫困之中。这是当今世界面临的最大挑战,也是一些国家社会动荡的重要原因。

---

① 权衡.经济全球化发展:实践困境与理论反思[J].复旦学报(社会科学版),2017(6).

　　四是科技革命孕育新突破，经济全球化发展产业基础缺失。科技进步是经济全球化的技术基础。交通和通信技术进步在大幅降低贸易成本的同时，有力地带动了汽车、电子信息等产业的发展。这些产业供应链可拆分为不同环节并散布在全球不同地区进行模块化生产，跨国公司得以根据各国要素禀赋布局价值链，形成了美欧提供研发和终端消费市场、日韩提供精密零部件、东亚发展中经济体提供加工组装服务的全球生产网络，成为推动经济全球化的强大动力。当前，新一轮科技革命和产业变革仍处于量变阶段和突破前夜，且仍以信息技术智能化应用为主，属于信息技术革命的延续和深化。新能源、新材料、节能环保、生物技术、大数据、智能制造等新兴技术虽日益兴起，但与之相联的产业链条比较简单，还不适合大规模模块化生产，对全球供应链发展的带动作用有限，经济全球化发展缺乏新的产业基础。

　　本轮全球化在经历近20年的快速发展以后，出现了一股反对全球化的声音和思潮，经济全球化是否带来双赢甚至共赢的认识遭到不断质疑和挑战。近年来，受欧美政治和经济形势的影响，逆全球化潮流不断涌现并愈演愈烈。特别是随着2008年国际金融危机的爆发，经过近十年时间的恢复、调整和变革，全球经济并没有迎来理想的复苏，相反却陷入持续的结构性低迷，贸易保护主义不断升级、全球多边机制不振、各类区域性的贸易投资协定碎片化，美欧的移民政策、投资政策、监管政策等朝着去全球化方向发展。席卷欧美的民粹主义认为，现在需要封锁边境、强调民族主义，即本国第一、管好自己。他们的观点得到很多民众的认同，这实际上是一种逆全球化现象。

　　逆全球化思潮在一定程度上反映了经济全球化进程产生的负面效应，也意味着当今世界发展不确定因素增加。逆全球化趋势出现的根本原因是近年来世界经济的持续低迷，全球部分地区经济不平等现象加剧，资源分配不公，社会上的被遗弃感和不安全感增强，从而让民心转向打"民粹牌"的政治人物，将他们视为救命稻草。范黎波、施屹舟

(2017)认为①,"逆全球化"趋势形成的根源主要在于三个方面。一是公共政策失灵导致经济低迷态势无法缓解。2008 年国际金融危机对世界经济造成了巨大打击,但许多国家政府提出的解决方案不仅无法缓解经济衰退,还让社会中下阶层群体在种种无效措施的实施过程中利益再度受损,这引起公众极大的不满,最终在发达国家中刺激了反自由贸易和反移民运动思潮的迅速发展。二是资源分配不公导致富者愈富,贫者愈贫。一方面,经济全球化进程中发达国家与发展中国家的贫富差距不断拉大,部分发展中国家对经济全球化进程的态度较为消极。另一方面,发达国家内部各阶层在经济全球化进程中的利益分配难以均衡。在经济全球化进程中,发达国家的精英阶层在分配经济全球化所带来的红利时占据了更多优势,而人数占绝大部分的中产阶层和低收入阶层出现收入下降的趋势。富者愈富,贫者愈贫,马太效应的显现使贫富差距拉大是发达国家中下阶层抵制经济全球化,并成为"逆全球化"推动力量的主因。三是移民问题使得民众的被遗弃感和不安全感增强。移民问题是发达国家面临的一大挑战,其所带来的一系列政治、经济、社会安全隐患导致移民接纳国人民将矛头指向经济全球化,这也是"逆全球化"浪潮中民粹主义兴起的根源之一。

第二节 亚洲经济一体化对经济全球化发展的重要意义

经济全球化有两种不同的模式,即经济区域化和产业经济一体化。区域经济一体化是经济全球化的发展模式之一。近年来,虽然经济全球化发展进程遭遇挫折并陷入低潮,但与之形成鲜明对比的是,区域经济一体化由于决策过程中的有效性和对象选择的灵活性强,开始加速发

① 范黎波,施屹舟.理性看待和正确应对"逆全球化"现象[N].光明日报,2017-04-02.

展。特别是亚洲地区各经济体以更加积极的姿态参与到区域经济一体化合作进程之中,掀起了新一轮区域经济合作的高潮。作为全球最具发展潜力和活力的地区,亚洲区域经济一体化对世界经济的全球化发展具有重要意义。过去几十年来亚洲取得的成就与经济全球化密不可分,亚洲经济一体化就是经济全球化的"亚洲版",它既是经济全球化的重要组成部分和新型表现形式,也将为经济全球化新发展提供示范和借鉴。

第一,亚洲经济一体化有助于推动世界经济复苏增长,为经济全球化注入强劲动能。经济全球化之所以遭遇上述种种困境,从根本上来讲还是因为全球经济在发展方面出现了问题。金融危机爆发以来,国际贸易、国际投资等增速逐渐趋缓,世界经济增长新动力不足,经济全球化面临世界经济复苏和增长缓慢的困惑。显然,经济全球化的持续发展,需要以世界经济的持续稳定发展为前提和保障。作为世界上最具发展活力和潜力的地区,以及金融危机以来全球经济复苏增长的重要引擎和动力之源,亚洲的经济一体化发展不仅可以进一步消除亚洲国家和地区之间的投资和贸易壁垒,同时也将进一步促进生产要素的跨区域流动与整合,扩大区域内外国际经济合作,从而进一步释放亚洲地区的经济增长潜力和活力,推动亚洲经济持续稳定增长。对世界经济来说,亚洲经济的快速增长无疑有助于促进全球贸易和投资增长,加快世界经济复苏增长进程,进而为经济全球化注入更强劲的动能和活力。

第二,亚洲经济一体化有助于提高亚洲地区开放水平,促进开放型世界经济发展。世界经济发展经验表明,以贸易和投资自由化、便利化为代表的经济全球化是世界经济快速发展的重要动力。世界贸易的快速发展不仅促进了全球财富增长和就业机会增加,更使数亿人摆脱了贫困,奔向"小康"。可以说,参与全球化的国家和地区大都从全球化进程中收益。因此,对外开放是全球发展的主旋律,只有坚定不移地打开开放大门,坚定不移地推进经济全球化发展,才能促进世界经济发展和繁荣,经济全球化方能不断保持前行。开放是亚洲经济的生命线。亚洲地区作为全球经济最具发展活力的地区,其根源在于本地区的大部分国家奉行开放型经济发展模式,坚持贸易和投资自由化、便利化。20多年来,亚洲地区贸易量年均增长8%,是同期经济增速的两倍多,为亚洲地区经济长期增长提供了稳定动力。然而,亚洲地区开放这一增长引擎正在遭遇挑战:一是近年来全球贸易量增速连续低于经济增速,亚洲面临相同压力;二是本地区区域经济合作安排碎片化严重阻碍了本地区经贸发展和合作深化,比如,中国与韩国签订自贸协定,韩国与东盟签订自贸协定,中国与东盟也签订了自贸协定,中国与韩国还与东盟部分成员国签订了其他自贸协定,企业在中、韩、东盟之间的贸易需要适应三四套规则,因此亚太地区贸易投资安排的这种繁复重叠,导致规则严重碎片化的现象,已经严重影响了地区经济和贸易的发展;三是排他性贸易安排威胁地区的开放,地区间大国基于政治考量,推行TPP等排他性和封闭性的贸易安排,不利于亚洲地区整体繁荣与稳定,只会将本地区的市场分割撕裂[①]。目前的亚洲比以往任何时候都更加需要开放、联动,需要包容、平衡,亚洲需要更高水平的区域经济一体化。而随着亚洲经济一体化程度的深化和进程的加快,亚洲地区的对内对外开放将得到有效推进,亚洲的市场一体化程度将不断提高,贸易自由化和投资便利化水平将进一步提升,亚太自由贸易区的建设将为亚太开放型经济提供制度保障,从而有助于构建更加开放的亚太经济。而构建亚洲开放型经济本质上就是维护多边贸易体制,继续推动经济全球化向前发展,而不是逆转和倒退。亚洲经济一体化将为世界做出榜样,担当起推动经济全球化的重担,而不是坐视令各国受损的全球化逆转的现象发生和蔓延。

第三,亚洲经济一体化有助于应对逆全球化的挑战,推动经济全球

① 盛玮.推动构建更加开放的亚太经济[EB/OL].求是网,2016-11-21. http://www.qstheory.cn/wp/2016-11/21/c_1119950039.htm.

化继续深入发展。2017年,在"一带一路"倡议的推动下,借助外部市场的拉动,亚洲区域经济一体化不断加速发展,亚洲命运共同体意识不断增强,中国继续成为重要引擎,"一带一路"红利成为重要拉动力,全域化和外溢化是其重要特点,自由贸易协定是其重要形式[①]。经济一体化不仅拉紧了亚洲区域内经济体间的联系,还不断把亚洲域外的经济体拉进亚洲的经济一体化进程中。与西方发达国家的逆全球化发展势头不同,亚洲的全球化以区域经济一体化的形式在加速推进,并且还在不断向域外拓展。这不仅让世人看到了亚洲统一大市场的美好前景,也使世人对全球化以新的表现形式、新的主导力量推进增强了信心。亚洲经济一体化的发展与推进,有助于促进贸易自由化和投资便利化,打破制约贸易投资的各种壁垒,逐步降低外资准入门槛和壁垒,显然,这将对破解贸易保护主义、抑制逆全球化风潮起到十分重要的作用,也有助于推动经济全球化朝着包容、普惠的方向持续深入发展。

第三节　杭州共识、"一带一路"与亚洲经济一体化

过去的几十年里,亚洲国家创造出一波又一波的"亚洲奇迹",在世界经济发展进程中扮演着日益重要的角色,并成为世界经济增长的动力之源。究其原因,与全球化的快速发展及亚洲地区的改革开放和一体化进程密切相关。然而,2008年的全球金融危机给亚洲的可持续发展带来了空前严峻的挑战,以往的开放模式及经济发展方式难以为继,贸易保护主义和反全球化势力抬头更使亚洲区域合作与一体化面临着诸多挑战。亚洲现有的合作机制如东盟、东盟加中日韩、东亚峰会、亚太经合组织、上合组织、亚欧会议、欧亚经济联盟等,相对碎片化,且区域与次区域合作发展程度不一。此外,由于受领土争端、经济发展差异及地

---

① 王军.亚洲经济一体化是破解贸易保护主义利器[N].上海证券报,2018-04-10.

缘政治等因素的影响,一些国家之间的互信不够,也严重影响了区域一体化的进程①。在此背景下,G20 杭州共识为促进亚洲经济一体化新发展提出了中国方案,而"一带一路"建设既是落实杭州共识的重要支点,也为推动亚洲经济一体化进程注入了新动力与新活力。

G20 杭州共识形成于世界经济深度调整、曲折复苏之际,各方决心为世界经济指明方向,规划路径;决心创新增长方式,为世界经济注入新动力;决心完善全球经济金融治理,提高世界经济抗风险能力;决心重振国际贸易和投资这两大引擎,构建开放型世界经济;决心推动包容和联动式发展,让二十国集团合作成果惠及全球。这五个"决心",深刻诠释了杭州共识的思想精髓,为推动世界经济走上强劲、可持续、平衡、包容的增长之路指明方向,为把二十国集团维护好、建设好、发展好规划路径。G20 杭州共识成为引领国际经济合作新方向、开创全球经济治理新格局的重要里程碑。二十国集团成员在杭州达成的系列重要共识将从三个方面推动世界经济发展。一是完善治理,携手形成复苏合力。G20 各成员同意加强宏观政策沟通和协调,促进世界经济强劲、可持续、平衡、包容增长。G20 各成员用一个声音为世界经济指明方向,规划路径,将有助于提振各方信心,形成增长合力。二是突出创新,共同注入增长动力。2008 年全球金融危机以来,上一轮科技和产业革命提供的动能消退,而新一轮增长动能尚在孕育。在这种情况下,创新就成为从根本上打开增长之锁的钥匙。G20 杭州峰会通过了《二十国集团创新增长蓝图》,各成员如果能够以科技创新为核心,带动发展理念、体制机制、商业模式等全方位、多层次、宽领域创新,将全面提升世界经济中长期增长潜力。三是梳理经络,打通贸易投资壁垒。世界经济的疲弱和内部循环不畅也有关系,当前保护主义抬头,彼此竞争排斥的区域贸易安排更是让全球贸易规则呈现出碎片化趋势。杭州峰会将重振国际贸易

① 倪月菊.博鳌春风,带来亚洲经济一体化新时代 [EB/OL].海外网,2018-04-07. http://opinion. haiwainet.cn/n/2018/0407/c353596-31293290.html.

和投资这两大引擎作为核心任务,制定了《二十国集团全球贸易增长战略》和全球首个多边投资规则框架《二十国集团全球投资指导原则》。伴随着壁垒的逐一消除,国际贸易和投资将有望获得恢复性增长,从而强劲支撑世界经济焕发活力①。

　　G20杭州共识不仅为世界经济发展开出了药方,也为亚洲经济一体化进程指明了方向。G20杭州峰会形成的放眼长远、综合施策、扩大开放、包容发展的杭州共识,与当前更加注重开放、包容、创新、联动、协调、均衡的亚洲经济一体化发展在内涵上高度吻合,在推动亚洲地区宏观经济政策协调、促进亚洲经济增长方式创新、加快亚洲开放型经济发展、驱动亚洲经济包容和联动式发展等方面具有重要指导意义和引领价值。从这个角度而言,杭州共识既是二十国集团共识,也是全球共识,更是亚洲共识。G20杭州共识既是世界经济发展的中国药方,也是亚洲经济发展、亚洲区域经济合作与一体化的中国方案。

　　进一步来看,推动"一带一路"建设成为落实杭州共识的重要支点②。第一,"一带一路"通过多层次创新为全球经济注入新活力。杭州峰会将加强宏观经济政策协调、创新增长方式列为重要议题。"一带一路"建设本身就是发展机制、合作模式的重大创新,而加强政策沟通更是题中之义。在全球增长动能衰减、下行压力持续的背景下,"一带一路"将沿线国家连接起来,为促进世界经济提供充沛活力。第二,"一带一路"激活国际贸易投资,推动开放型世界经济。杭州峰会呼吁重启贸易和投资两大引擎,而"一带一路"正是国际经贸投资的催化剂。"一带一路"不限国别范围,反对以邻为壑,是一个完全开放的巨大发展平台,完全符合杭州峰会构建开放型世界经济的国际共识。第三,"一带一路"将沿线国家的繁荣发展紧密勾连,促进包容和联动式发展。杭州峰

① 周锐.G20"杭州共识"给世界经济带来四大利好[EB/OL].中国新闻网,2016-09-06. http://www.chinanews.com/cj/2016/09-06/7995402.shtml.
② 张玉环."一带一路"——落实杭州共识的重要支点[N].解放军报,2016-09-25.

会首次将发展问题置于全球宏观政策框架的突出位置。"一带一路"大力解决的也正是发展这一关键问题。从丝路基金、亚投行投入运营,到中国同多个沿线国家签署合作协议、多个重大工程破土动工,"一带一路"携手广大发展中国家,加强政策规则的联动,夯实基础设施的联动,增进利益共赢的联动,追求的是百花齐放的大利,谋划的是共享发展红利的大棋。第四,"一带一路"为完善全球经济治理提供中国理念和中国方案。当前世界格局深刻变化,世界经济深度调整,杭州峰会呼吁全球经济治理与时俱进、因时而变。"一带一路"正是中国从自身发展经验和国际合作大势出发,为全球提供的重要公共产品。和衷共济、和合共生的东方智慧,开放包容、互利共赢的价值取向,打造人类命运共同体的使命意识,欢迎搭乘中国发展快车的广阔胸怀,都汇聚在"一带一路"的实践之中。这都充实着全球治理的手段与内涵,正获得包括二十国集团在内的国际社会的广泛认可①。

不仅如此,"一带一路"倡议也是中国为促进亚洲经济一体化和经济全球化所提出的中国智慧和中国方案。"一带一路"倡议为促进亚洲区域经济一体化带来了诸多机遇与红利。比如,加快基础设施建设,使沿线经济体的经贸和人文往来变得更加便利和频繁;逐步摆脱对外部制度供给的依赖,共同探索建立立足周边、辐射沿线、面向全球的高标准自由贸易区网络体系,并将其延伸至亚洲各地;充分发挥亚投行、丝路基金的作用,稳扎稳打、逐级推进亚洲投融资制度的建立和完善;动员来自世界各地的资金、技术、劳动力等生产要素,向"一带一路"沿线汇聚,改善沿线基础设施和市场环境。此外,"一带一路"建设也为应对逆全球化的挑战和贸易保护主义的抬头提供了新的路径和方法,它既可成为适应和解决全球化过程中所出现问题的有效策略和工具,也是经济社会

---

① 韩墨."一带一路"与"杭州共识"琴瑟和鸣[EB/OL].新华网,2016-09-07. http://www.xinhuanet.com/fortune/2016-09/07/c_1119527625.htm.

发展经验分享和成果共享的重要平台和途径①。"一带一路"建设与全球化、贸易投资自由化、便利化紧密相连,有助于帮助亚洲各经济体提升竞争力,有助于破解保护主义魔咒。

第四节　总体研究思路

20世纪90年代以来,世界各国越来越强烈地参与到全球化的浪潮之中,相互依存把整个世界连接起来。与全球化趋势相伴随的还有向广度和深度蓬勃发展的地区一体化进程。在欧洲,由欧共体转变而来的欧盟一面不断扩充成员国队伍,一面从经济一体化向政治和安全一体化迈进;在美洲,南方共同市场和北美自贸区相继建立,分别代表了南美和北美经济一体化的最高水平;在非洲,南部非洲发展共同体、东非共同体和东南非共同市场在稳步推进各自合作的同时走向联合,建立了新的单一自贸区;在亚洲,地区一体化进程可以追溯到1989年成立的亚太经合组织甚至是20世纪60年代成立的东盟,但其正式启动应该说始自1997年亚洲金融危机后确立的"东盟＋3"地区合作机制。此后,中日韩领导人峰会、中日韩三国分别与东盟建立的"10＋1"机制等各种地区性安排逐渐在亚洲地区发展起来。2008年全球金融危机之后,TPP、RCEP和亚太自贸区(FTAAP)成为推动亚洲经济一体化发展的新倡议②。

亚洲经济一体化进程始终是国内外学界关注的焦点之一,特别是2008年全球金融危机之后,面对新的全球和地区形势以及转变中的亚洲经济格局与安全架构,学者们对各个方面进行了及时的跟踪和评估,对其做出了深入阐释,也对未来亚洲经济一体化的发展以及中国的应对

① 王军.亚洲经济一体化是破解贸易保护主义利器[N].上海证券报,2018-04-10.
② 吴泽林.近年中国学界关于东亚一体化的研究述评[J].现代国际关系,2015,10.

提出了许多建设性意见。但总的来看,目前的研究对于 G20 杭州共识与亚洲经济发展以及地区经济合作之间的内在关系并没有加以仔细梳理和深入挖掘,对有关"一带一路"建设对亚洲经济一体化的重要意义和价值也尚未给予足够重视和应有关注。本研究基于经济全球化遭遇困境、逆全球化潮流兴起的新形势与新背景,在梳理亚洲经济一体化的实践现状与最新动态基础上,深入分析杭州 G20 共识、"一带一路"倡议对于亚洲经济一体化的价值和意义,并探讨中国在亚洲经济一体化进程中的角色、作用及战略选择,最后对亚洲经济一体化的趋势、方向及前景加以展望和分析。

本书的框架结构安排大致如下:第一章是本书的导论,论述研究的基本背景与主要议题;第二章主要分析亚洲经济发展的基本现况,探讨存在的主要问题;第三章在梳理区域一体化理论进展及全球区域一体化演讲情况基础上,重点对当前亚洲经济一体化的主要进展、面临困境及发展动态进行阐述和分析;第四章主要从贸易一体化、贸易便利化(政策)、FDI 一体化、人口流动程度、金融一体化等方面,对亚洲经济一体化水平进行实证分析,并同欧盟、美洲的区域一体化水平进行横向比较,总结欧盟与北美经济一体化发展的经验教训及其对亚洲经济一体化的启示;第五章重点探讨 G20 杭州共识的创新内涵及其对亚洲经济一体化发展的指引意义,并阐述如何在杭州共识的引领下促进亚洲经济一体化发展;第六章分析当前亚洲经济一体化模式存在的主要问题,并着重研究"一带一路"倡议为推动亚洲经济一体化进程带来的重要机遇;第七章主要聚焦中国,论述中国在亚洲经济一体化中的角色、地位、作用及新时期的战略定位,并提出中国推动亚洲经济一体化发展的战略选择;最后的第八章指出亚洲经济一体化的演进方向,探索亚洲一体化的实现路径,并展望其未来趋势和前景。

第五节 本书主要观点

第一,亚洲经济一体化起步虽晚但进展较快。与现有的一些观点认为"亚洲一体化正陷入停滞"不同,本研究从贸易一体化、贸易便利化、投资一体化及金融一体化等多个维度的实证分析表明,亚洲经济一体化存在逐步提高的趋势。其中,贸易一体化水平明显提升,贸易便利化程度不断增强,投资一体化水平显著提高,金融一体化获得进展但速度相对缓慢。总体上,目前亚洲的经济一体化程度仅次于欧盟,在贸易和投资方面的一体化程度与欧盟相当。与欧盟相比,亚洲尚处于经济一体化的起步阶段且速度缓慢。相对北美而言,亚洲区域贸易一体化程度较高。

第二,亚洲经济一体化面临一系列现实困境。一是经济发展差距较大,导致经济合作的基本态度和主要目标、利益诉求和妥协承受能力存在较大分歧,经济政策的协调和融合更为不易。二是亚洲地区意识形态、经济体制和政治制度的差异,尤其是宗教信仰有别、发展道路多元、文明多样,域外大国利益集中、外部依赖相对较强、非传统安全挑战增加,地缘政治敏感而复杂,安全利益和诉求同样分歧较大。三是尽管在不同时间阶段程度不尽相同,亚洲经济一体化还是相对较多地受到现实非经济尤其是安全和域外因素的影响与牵制,亚洲共同意识和身份认同相对欠缺。四是亚洲经济活力的不断增加和潜力的逐步显现以及整体性崛起,进一步强化了区域内包括域外大国在内的战略博弈的复杂性和激烈度。五是亚洲地区各种一体化框架叠加导致合作进程碎片化。

第三,欧盟与北美一体化经验教训为亚洲带来诸多启示意义。一是经济一体化有利于亚洲地区的和平稳定与经济增长。二是当前的逆全球化趋势对亚洲一体化而言既是挑战,亦是契机。三是政治推动的一体化或将带来不利影响,但适当的政治推动有助于推动亚洲一体化进程。

四是需要一系列政策以对冲一体化的不利影响。五是货币一体化等高阶段的一体化未必适合亚洲经济体,建立要素高效流动的统一大市场更符合亚洲实际。六是货币一体化风险巨大,但加强区域货币合作势在必行。

第四,中国从亚洲一体化的融入者和参与者,逐渐成为地区经济合作的推动者甚至引领者。作为全球最大的新兴经济体、世界第二经济大国以及亚洲地区发展的重要力量之一,中国在促进亚洲经济一体化进程中发挥了关键作用。随着中国经济进入新时代以及中国日益走近世界舞台中央,中国将以"一带一路"国际合作为核心与平台,构建亚洲利益共同体、责任共同体和命运共同体,为推动区域经济一体化的发展贡献中国方案,进一步引领和推动亚洲经济一体化的持续深入发展。未来,中国将更好地发挥一体化进程和亚洲开放型经济的引领者、亚洲地区发展诉求和国家利益的维护者、更加公平的国际体制与地区秩序的建设者等角色的作用,引领和推动亚洲经济一体化不断深入发展。

第五,G20 杭州共识引领亚洲经济一体化新航程。G20 杭州峰会取得的一系列卓有成效的成果,不仅有助于指引世界经济发展的方向,而且相关的创新共识也为亚洲经济一体化提供了新的智慧和方案,将有助于鼓励科技创新并助推亚洲形成新的经济增长点,有助于改善亚洲贸易与投资环境,有助于优化亚洲区域一体化发展环境,并协助亚洲发展中经济体更有效参与区域经济合作。

第六,"一带一路"建设加速亚洲经济一体化进程。在后金融危机时代和全球经济复苏乏力以及逆全球化思潮等背景下,亚洲在贸易一体化进程和全球生产体系中正面临更加突出的挑战,亚洲各区域间发展不平衡,联系不紧密,交通基础设施不联不通、联而不通、通而不畅等问题相对比较突出。"一带一路"建设有利于促进亚洲基础设施互通互联,有利于形成立足亚洲、辐射周边、面向全球的亚洲高标准自由贸易区网络,通过加强基础设施互联互通和投资贸易便利化,推动更多的中间品和最终品由出口发达国家转入本地区,扩大亚洲内部市场,使得亚洲发展获得更强大的内生动力,加快亚洲经济一体化进程。

第七,人类命运共同体成为亚洲经济一体化发展新方向。构建亚洲命运共同体是亚洲域内各经济体谋求共赢、和平、繁荣的共同利益诉求和民心所向,有利于共识的达成与扩大、战略互信的建立与深化和新型合作机制的形成与发展,为区域经济一体化提供更为基础性的支撑和更加强劲的动力。

第八,亚洲经济一体化发展前景向好。展望未来,随着共建"一带一路"的不断推进,新型合作模式进一步发展,尤其是作为区域经济融合发展基本条件的基础设施互联互通,使亚洲自然物理性障碍得以拆除,人文交流新支柱得以夯实,"亚洲命运共同体"共同发展、合作共赢的理念与好处得到更为形象的阐释和更为广泛的认同,推动区域经济一体化深入发展必需的政治意愿也会相应提高,亚洲经济一体化的机制整合进一步展开,在亚洲命运共同体的引领下更为有效地步入新阶段。

第二章
亚洲经济发展现状与问题

第一节　亚洲经济发展现况

一、亚洲经济格局变迁

正如贡德·弗兰克所言,东亚的兴起是很自然的事情。在全球经济发展的图式中,亚洲尤其是东亚早就占据并维持着支配地位。只是在不到两个世纪之前,亚洲经济才失去了在世界经济中的支配地位,这种地位逐渐被西方所占据——显然,西方的主导或许也只是暂时的。现在看来,世界经济的"中心"似乎正在转回"东方"。[①]

亚洲的再度崛起,某种程度上可以被理解成一个两阶段进程的结果。第一阶段始于第二次世界大战结束之前,基本上持续到1960年。在这一阶段,多数亚洲国家摆脱了域外势力的统治,建立(或者重新建立)起了主权国家,实现了自治,包括1949年荷兰被迫接受印度尼西亚的独立,五年后法国在艰苦的战争之后放弃了控制越南的企图,1947年,英国准许印度独立,一年后缅甸如法炮制,等等。第二阶段,也就是从20世纪60年代开始,亚洲各国政府殊途同归,同时开始不断探索让市场力量发挥更大作用的政策。自此,亚洲的经济发展和经济整合就在艰难的起伏跌宕中前行。

基于亚洲不同经济体的崛起,亚洲的权力版图也由单一化模式向多元化模式发展。亚洲权力的变迁经历了美日同盟、日本居于领先地位、

---

① 贡德·弗兰克.白银资本:重视经济全球化中的东方[M].刘北成,译.北京:中央编译出版社,2011:7.

中国和平崛起及东盟迅速发展几个阶段。

第二次世界大战后,美国在亚洲建立了美日、美韩等多个同盟,其中以美日同盟最为核心。同时,美国采取扶持日本的策略,在资金和技术上给予日本极大援助。日本政府则采取"重经济,轻武装"的政策。20世纪 50 年代,日本经济实现了快速增长;20 世纪 80 年代,在经历 30 年的持续增长后,日本成功跻身世界经济强国的行列,开启了亚洲经济奇迹的历程;20 世纪 90 年代初,受"泡沫经济"影响,日本爆发了严重的经济危机,失业率达到了战后最高水平,金融机构存在大量不良债权,房价和股票价格暴跌,国民对经济恢复的信心也极度降低。日本政府职能转变相对滞后,提出不合理的财政政策,导致日本并没有像战后那样,快速地走出阴影恢复经济发展。美国为了维护其在亚洲的利益,对日本推动亚洲地区金融合作等行为加以限制,使日本在亚洲地区的经济地位有所弱化。随着中国香港地区和上海、新加坡等金融城市的不断发展,东京作为亚洲金融中心的地位也逐渐下降。

与此同时,亚洲主要国家和地区都在根据自身情况积极调整发展战略,使得亚洲地区内的经济实力版图发生了显著变化。紧接着,20 世纪70 年代东亚"四小龙"即韩国、新加坡以及中国台湾地区和中国香港地区的迅速发展,续写了亚洲经济增长奇迹的新篇章。

特别是 20 世纪 80 年代后,中国经济保持了世界经济史上没有出现过的连续 35 年超过 9% 的经济增长速度,令世界瞩目。2001 年 12 月11 日,中国正式加入世界贸易组织。此后的十几年里,中国攀越诸多"高峰":目前已成为全球第二大经济体,世界第一大贸易国,世界第一大吸引外资国,世界第二大对外投资国等。2008 年的全球金融危机削弱了美国在亚洲的力量,随着中国经济的不断发展,中、美、日三国成为世界三大最重要的经济体。

随着区域经济一体化的发展,东盟各国的经济也迅速崛起,在世界经济中的地位也不断提升。20 世纪 70 年代,新加坡成功跻身新兴工业化国家的行列,在 20 世纪 80 年代至 90 年代中期,印度尼西亚、泰国、马来西亚等国都保持了较高的经济增长率。越南则紧随其后,也在 20 世纪 80 年代中期开始调整国家控制的计划经济,同样取得了较快的发展。

作为南亚国家的代表,20 世纪 90 年代以来,印度加入了亚洲经济复兴之中,经济体制改革激发出这个古老国度经济增长的强劲动力,年平均增长速度超过了 6%。

毋庸置疑,正是亚洲各国市场驱动增长产生的效应,共同将亚洲经济奇迹推上了新的高峰。正如奇索·马赫布巴尼所指出的,英国和美国分别花了 58 年和 47 年的时间才使其人均产值翻了一番,而日本做到这一点用了 33 年时间,印度尼西亚用了 17 年,韩国用了 11 年,中国用了 10 年。[①]的确,在工业化之前,中国、日本和印度次大陆的产值加在一起约占全球产值的一半,中国就占了 1/3。相形之下,欧洲仅占总值的 1/4 左右。在 1820—1890 年之间,亚洲的产值占全球总产值的比例从 50% 降至 25%;到了 1952 年,这一数字再度减半还多,仅为 12%。西方对东方的优势似乎既绝对,又不可逆转。[②]

过去的二十多年是亚洲经济改变其在世界经济中地位的关键时期。进入 21 世纪的十多年来,亚洲经济占世界经济的比重较以前有了更快的增长。20 世纪 90 年代已拥有世界第二、第三大经济国的亚洲,可能到 2020 年将拥有世界五大经济国中的 4 个,世界十大经济国中的 7 个。到那时,亚洲国家可能占全球经济产值的 40% 以上。即使亚洲经济增长比预期的更早、更突然地放慢速度,已经发生的增长对于亚洲及世界的影响仍是巨大的。[③]

二、亚洲贸易发展现状

当前,世界经济仍处于深刻调整和变革之中,全球贸易增速持续低

①③ 塞缪尔·亨廷顿.文明的冲突与世界秩序的重建[M].周琪,等,译.北京:新华出版社,2010:84.
② 阿伦·弗里德伯格.中美亚洲大博弈[M].北京:新华出版社,2012:9.

于全球经济增速、全球投资大幅下滑、全球汇率波动加剧,全球经济发展面临的不确定性增强。

1. 全球贸易增速连续六年低于世界经济增速

全球货物贸易近两年仍然处在一个较为艰难的时期。如表 2-1 所示,2016 年全球贸易增速为 1.7%, 2017 年为 2.7%,而 2017 年全球经济增速为 3.4%,这意味着全球贸易增速将连续六年低于世界经济增速,全球经济增长动力削弱。全球贸易萎缩在很大程度上是由全球需求低迷、世界经济增长从主要依靠制造业转向主要依靠服务业、全球价值链扩张趋势放慢、国际贸易谈判进展缓慢、贸易保护主义等因素引起的,这些因素还将持续抑制全球贸易增长。

表 2-1　全球商品贸易量增速　　　　　　　　　　(单位:%)

年　份		2012	2013	2014	2015	2016	2017
全球商品贸易量增速		2.2	2.4	2.8	2.7	1.7	2.7
出口增速	发达经济体	1.1	1.7	2.4	2.8	2.1	2.6
	发展中经济体	3.8	3.8	3.1	3.2	1.2	3.1
	亚洲	2.7	5	4.8	3.1	0.3	2.9
进口增速	发达经济体	−0.1	−0.2	3.5	4.6	2.6	2.7
	发展中经济体	4.8	5.6	2.9	1.1	0.4	3.0
	亚洲	3.7	4.8	3.3	1.8	1.6	2.8

· 数据来源:WTO。

2. 亚洲出口贸易前景不容乐观

亚洲经济体作为全球经济的重要组成部分,贸易发展紧随世界趋势。亚洲经济体主要是出口导向型经济增长模式,几十年以来亚洲经济一直面临过度依赖对欧美等西方发达经济体出口的挑战,发达经济体的经济增速与亚洲的出口增速基本呈正相关关系。然而,近年来这种传导失灵,尽管西方经济体经济增速回升,但亚洲出口增长仍旧疲软,这表明全球最主要消费者和最大的生产中心之间的关系出现了转变,这种变化可能是长期的。WTO 的数据显示,2008 年全球金融危机以来(除 2010

年以外),亚洲出口增速大幅下降,远低于国际金融危机前的 10%—15%
的水平。

近年来,服务贸易在世界经济中的地位越来越重要。虽然 2016 年全
球货物贸易仍保持下降趋势,但全球的服务贸易不仅止住了 2015 年的下
降趋势,还出现了增长。2016 年,全球服务贸易出口增长了 0.4%,服务贸
易进口增长了 1.1%。亚洲也紧随国际的增长趋势,其服务贸易的进出口
均实现了增长。就亚洲在世界服务贸易中的地位而言,其占世界服务贸
易出口总额的 25.3%,进口总额的 30.3%。由此可见,在服务贸易方面,
亚洲在世界上的地位已经变得越来越重要。

三、亚洲投资发展现状

联合国贸发会议的《全球投资趋势监测报告》数据显示,2016 年全
球外国直接投资流量约为 1.52 万亿美元,同比下降 13%。其中,发达
经济体在全球外国直接投资流量中所占份额由 2016 年的 55% 进一步
提升至 57%,流入亚洲发展中经济体的外国直接投资大幅下降,发展中
经济体外国直接投资流入量于 2016 年总体下降了 20%,约为 6 000 亿
美元。但发展中经济体在全球前十大外国直接投资目的国(地区)中仍
占据一半,其中包括中国内地、中国香港地区、新加坡、巴西和印度。
2016 年,美国吸引了 3 850 亿美元外国直接投资,继 2015 年之后再次
成为"全球最大外商直接投资目的地"。此前排名第 12 位的英国于
2016 年的外国直接投资流入量达到 1 790 亿美元,一举跃升到第二位。
2016 年中国吸引外国直接投资再创新高,同比增长 2.3%,达 1 390 亿
美元,继续保持全球第三。可以预见的是,今后,中国仍将是全球对外
资极具吸引力的目的地之一,中国吸引外资也将继续保持高水平。

此外,亚洲特别是中国仍成为全球重要的外资来源地。亚洲对外直
接投资额占世界的比重于 2014 年超越欧洲和北美洲,达到 30.2%,成
为全球重要的外资来源地之一。2015 年受全球经济放缓、全球政经风

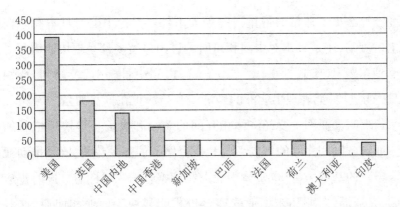

图 2-1　2016 年全球十大外资流入经济体　　（单位：十亿美元）

• 数据来源：UNCTAD。

险加大等影响，这一比重下降到 22.5%，对外投资势头有所减缓。在有利的全球经济基本面的支持下，近年来亚洲对外投资需求加大，仍是全球重要的外资来源地。近年来，中国企业"走出去"的步伐加快，特别是自 2013 年中国提出"一带一路"倡议以来，越来越多的包括 FDI 在内的金融资源被调动起来，亚洲地区投资活力迅速增强。按照中国商务部的统计，2016 年中国企业在 53 个共建"一带一路"国家的非金融性投资额在 2015 年经过 20% 的增长后，2016 年小幅降低了 2%，达到 145.3 亿美元，占中国对外直接投资的 8.5%。位于"一带一路"沿线重要经济走廊的一些国家，如柬埔寨、巴基斯坦和哈萨克斯坦等积极参与"一带一路"倡议，已开始大量吸引来自中国的直接投资。

四、亚洲投资与贸易互动发展趋势

亚洲的经济奇迹不仅表现为高速并持续的经济增长，更重要的是，市场驱动的贸易和投资联系日益紧密，表现出了亚洲经济的高度整合性。特别是进入 21 世纪，亚洲各自的独立增长已经明显地被区域间不断加强的经济整合趋势所取代，不仅亚洲与世界的贸易持续增长，亚洲内部的贸易也急剧上升。而东盟以及"东盟＋X"的出现和发展，可以说是亚洲经济史上非常值得重视的重大事件。无论中国对日本和东盟的进出口贸易,还是日本对中国和东盟的进出口贸易都呈现快速增长。从东盟到东盟"10＋1""10＋3""10＋6",再到中日韩 FTA 谈判,特别是 RCEP 的进展,都表现出亚洲的经济整合趋势正在日益加强。

这表明了亚洲主要经济体相互间的贸易和投资呈现快速增长的趋势。亚洲各国间相互的域内贸易和投资增长的强劲势头,既是推动亚洲经济整合的基本力量,也是体现亚洲经济整合的主要标志。同时也应当看到,在亚洲,东亚和东南亚的整合进程明显快于西亚和南亚,这对于后两个地区尤其是印度将产生不少压力。因此,向东学习引进东部亚洲的经验和技术市场,也是印度实施"东向战略"的依据。亚洲经济已经呈现出明显的东强西弱,或者是东快西缓的经济增长态势。

世界银行的数据表明,十多年来,东亚和东南亚间的投资贸易活动日益频繁,这两个地区的 FDI 净流入量始终占了亚洲地区的 65%—70%,进出口贸易的总额也占据了整个亚洲的 70%—80%,其 GDP 占整个亚洲 GDP 的比重也高达 75%—80%。这一态势如果持续下去,就经济发展程度而言,亚洲将形成太平洋的亚洲和印度洋的亚洲,这将使亚洲区域经济发展越来越不平衡,社会发达程度也将出现更大差别。很可能的结果是,亚洲的分歧甚至分裂将不断加深,亚洲经济发展与一体化进程将受到极大影响。而且亚洲没有类似欧洲联盟或北约的组织,因而缺乏欧洲已有的合作性多边结构,而这种结构在欧洲的政治形势中占据着主导地位,并对欧洲那些较为传统的领土、种族和民族冲突加以淡化、缓解和遏制。

五、亚洲经济一体化发展现状

20 世纪 90 年代之后,亚洲的经济一体化进程进入了一个快速发展阶段。这一阶段,亚洲各国普遍采用相互之间缔结自由贸易协定、构建自由贸易区等形式。经过十多年的发展,亚洲经济一体化的雏形已经初现。

目前,亚洲各国围绕东盟自由贸易区形成了一个区域经济一体化网络。从东盟的成员国构成不难看出,来自东南亚的十个国家都是一些领土面积不大、国家实力不强的国家。由于单个国家内部市场狭小,资源有限,要发展经济就需要联合起来形成一个区域经济一体化组织,在区域内降低关税促进各国资源的有效流动,在区域外形成贸易壁垒保护区域贸易顺利进行。这一方面能够促进次区域内的经济发展,另一方面还能抵御外部威胁。因此,1992 年 1 月在新加坡举行的第四届东盟首脑会议上建立东盟自由贸易区(ASEAN Free Trade Area, AFTA)被正式提出。东盟自贸区的建立大大降低了区域内的关税水平,推动了东盟各成员国经济的发展。然而 AFTA 总体来说是一种南南型的一体化形式。南南型区域经济一体化形式有其自身的缺陷,比如其内部市场往往较狭小,内部贸易比重不高,难以形成紧密的分工关系,一体化政策也较难协调,并且存在较严重的贸易转移效应等。

东盟深知其结构上的缺陷,因此在进一步的发展中努力克服这一缺陷。东盟采取的对策就是将目光投向同属亚洲区域内的中国、日本和韩国。位于东北亚的中、日、韩三国在地理位置上距离东盟最近,文化上也有渊源,同时中国是亚洲乃至世界上发展最为迅速的国家,日本是亚洲唯一的发达国家,韩国也是新兴的工业化国家和亚洲四小龙之一。在 1997 年东盟成立 30 周年之际,东盟发起了与中日韩领导人的会议。2002 年,中国-东盟自由贸易区成立,2006 年韩国-东盟 FTA 协议签署,2008 年日本-东盟全面经济伙伴关系协定也正式签署。

一直以来倾向于全球贸易自由化的澳大利亚对区域经济一体化并不重视,但进入 21 世纪后,与澳大利亚毗邻的东亚各国及其主要贸易伙伴都在积极签订区域自由贸易协定。澳大利亚和新西兰开始调整其战略,积极参与亚洲地区的区域经济一体化进程,并于 2009 年与东盟签订了 FTA 协议。在东盟"10＋3"合作机制基础上,与中日韩有着地缘优势和频繁贸易往来的澳大利亚和新西兰也期望加入。与此同时,南亚大陆的印度也一直在寻求机会与东盟合作。由此,一个更广泛的区域经济一体化框架东盟即"10+6"模式逐渐形成。

在积极发展与东盟的经贸合作关系的同时,亚洲各国之间也签订了一系列双边和多边 FTAs。例如中国-新加坡 FTA、中国-巴基斯坦 FTA、日本-新加坡 FTA、日本-马来西亚 FTA、日本-越南 FTA、印度-泰国 FTA、印度-新加坡 FTA、印度-阿富汗 FTA、印度-孟加拉 FTA、印度-韩国 FTA 等。同时一系列双边、多边 FTAs 也正在谈判过程中。此外,在亚洲还有越来越多的组织也相继地参与到区域经济一体化中来。如上海合作组织(Shanghai Cooperation Organization, SCO)和亚太经济合作组织(Asia-Pacific Economic Cooperation, APEC)。

走向区域经济一体化的亚洲将给亚洲各国带来显著的经济利益,它将扩大各国在货物、服务以及科技领域的市场准入,使原有的各国市场扩展为亚洲市场,有利于实现规模经济效应。一体化的亚洲还将极大地便利外商直接投资和跨国公司在亚洲的发展。此外,迈向一体化的亚洲还能在区域内实现较低的关税水平,帮助各国消除贸易壁垒,促进自由贸易的发展,从而帮助亚洲尽快走出 2008 年全球金融危机的阴霾。

第二节　亚洲经济的主要特征

作为全球最具活力和前景的地区,亚洲一直是世界经济的强劲引擎。据国际货币基金组织(IMF)估算,亚洲经济已占全世界经济的 40%,且在未来 4 年内将贡献全球经济增量的近 2/3。世界经济是不是能够健康、持续地发展,亚洲经济将起到一个至关重要的驱动作用。

整体来看,亚洲经济具有明显的复杂性和多样性特征。亚洲的主要国家如韩国、日本、印度、中国等,它们的发展阶段和发展模式存在着较大差异,所以面临的挑战迥异。从本质上讲,亚洲经济的复杂多样性,既是亚洲经济合作的新机遇,也是亚洲经济一体化的"短板",而亚洲各国合作共赢是亚洲经济走出经济危机阴霾、弥补相应短板的重要外部保证。规模巨大且仍在快速发展的亚洲,其经济格局正呈现出以下几个方面的变化和特征。

一、亚洲经济增长仍处于结构性调整过程中

2008 年以来,全球经济经历十年动荡之后,于 2017 年进入恢复性增长期,开始重回正轨。IMF 最新预测表明,2018 年全球经济增速为 3.4%,2021 年将逐步恢复增长至 3.78%,略高于 1990—2007 年的长期均值 3.74%。其中,发达经济体正在缓慢走向复苏;新兴市场和发展中经济体出现改善,一改连续五年增速下滑趋势,2017 年实现 4.5% 的增长。

2010 年以来,亚洲经济增速呈现逐年放缓的趋势。一方面是受全球经济复苏持续疲弱、全球贸易下降、全球需求萎缩以及中国经济增速放缓影响,另一方面是由于新兴经济体特别是亚洲国家经济转型困难,结构调整较慢。从亚洲主要新兴国家来看,中国经济增速放缓,印度经济在消费、投资和国内改革的推动下,实现强劲增长,预计 2018 年将实现 7.7% 的增长;东盟五国的经济发展态势要好于往年,2018 年预期增长 5.2%。

此外,从调整的速度来说,亚洲的结构调整滞后。WTO 数据显示,全球贸易萎缩的情况下,2016 年发达经济体的出口增速高于发展中经济体,而发展中经济体出口增速又高于亚洲。另外,根据联合国贸发组织数据,2015 年投向发达经济体的全球绿地投资增长了 12.31%,高于投向发展中经济体的 4.6%。这表明发达经济体的结构调整要显著高于发展中经济体,而亚洲的结构调整则显滞后。亚洲面临的主要问题是发展的不平衡、金融的脆弱性、两极分化严重、产业结构单一、对国际市场依赖性强,亚洲的经济结构调整仍然任重道远。

二、中国成为亚洲的经济中心

亚洲占全球陆地面积的 30%,世界人口的 59%。亚洲是世界文明的重要发源地,曾经有过辉煌的历史,但在近代因为遭受列强侵略而长期陷入落后衰弱之势。半个多世纪以来,亚洲经济发展取得了举世瞩目的巨大成就,改变了东西方经济力量的对比。亚洲国家的 GDP 在世界总量中的比重由 1990 年的 15%提高到目前的 1/4 左右。美国亚洲协会预计,二三十年之后,全球最大的四个经济体将有三个在亚洲,分别是日本、中国和印度,亚洲将成为世界经济的重心。而英国《金融时报》经济评论员荣凯尔则认为:"当今所谓的亚洲经济奇迹,其实就是一个有关中国的故事","因为中国贡献了亚洲发展中国家一半以上的经济增长"。美国前国务卿基辛格博士曾表示:"世界的中心在从大西洋向太平洋转移,中国正在成为亚洲占主导地位的国家。"

1995 年,日本的 GDP 约为 5.3 万亿美元,中国、印度、韩国和东盟的GDP 合计约为 1.6 万亿美元,不及日本的 1/3,日本是当时的亚洲经济中心;二十年之后的 2015 年,日本的 GDP 已下降到 5 万亿美元以下,日韩印和东盟的 GDP 之和为 10 万亿美元,而中国的 GDP 达到 11 万亿美元,超过日韩印和东盟 GDP 之和,成为亚洲规模最大的经济体,且远远超过排在第二位的日本。《新兴经济体发展 2018 年度报告》显示,2017年,E11(新兴 11 国,指二十国集团中的 11 个新兴经济体,亚洲国家占了多数)GDP 增长率约为 5.1%,比世界经济增速高 1.4 个百分点,总体呈现向好态势。作为最大的新兴经济体,中国经济增速达 6.9%,对全球经济增长贡献约 1/3,并继续扮演着最大贡献者角色。中国已成为亚洲新的经济中心。由于中国经济还具有很强的发展势能,其经济增长率在亚洲仍然排在前列,中国作为亚洲经济中心的功能还会不断强化。

三、印度和越南等新兴经济体增长迅速

第二次世界大战以后，亚洲经济经历了几轮快速增长，不同时期有不同的经济体处于快速增长的前列。日本在第二次世界大战以后率先实现高增长，然后是亚洲四小龙，接下来是亚洲四小虎，前一时期是中国，现在轮到印度和越南。印度和越南人口众多、经济规模巨大，其快速发展不仅给亚洲经济注入了新的活力，也会在很大程度上改变亚洲的经济格局。

根据亚洲开发银行发布的研究报告，亚太地区发展中经济体将继续保持稳健增长，南亚、东亚和东南亚的坚实表现抵消了美国经济疲软带来的影响以及英国脱欧、特朗普总统上台等引发的市场震荡。报告还指出，南亚将引领亚太地区的增长，其中印度尤其突出。受益于消费市场的繁荣和农村经济的增长，印度经济摆脱了诸多全球不利因素。在印度的带动下，南亚有望成为近年来增长最快的次区域。巴基斯坦将进一步增加能源供应、加大基础设施投资并改善安全环境，推动经济增长，同时，孟加拉国也将凭借其服装行业的优势保持稳健的经济增长。报告认为，在民间消费的带动下，该区域绝大多数经济体都保持稳健增长。

最近三十多年，包括中国在内的新兴国家一直是领跑世界经济增长的生力军。从 20 世纪 80 年代的亚洲四小龙，到 90 年代以后的中国，新兴经济体分别以 8.06％（亚洲四小龙）和 8.25％（中国内地）的增长速度领跑全球经济。新兴经济体的高增长不仅改变了本国经济在世界经济中的地位，同时也重塑了世界经济的整体格局。除了欧美老牌发达国家，唯有亚洲的日本、韩国和中国香港地区、中国台湾地区、新加坡等新兴经济体在多年的发展之后能够突破中等收入瓶颈步入发达经济体行列；中国改革开放四十年，经济总量从 80 年代不到 5 000 亿美元发展到 2017 年突破 12 万亿美元，GDP 年均增长率 9.5％，成为仅次于美国的世界第二大经济体，人均 GDP 从 1978 年不到 200 美元增长到 2017 年

8 800 美元,步入中等收入国家行列。与新加坡等小国不同,中国是一个拥有 13 亿人口的庞大经济体,所取得的成就尤为惊人,可以称得上是经济发展史上的奇迹。

印度、越南是全球经济增长中的新一轮亮点。2013 年,随着刘易斯拐点的到来,中国的劳动人口增长出现断崖式下跌,劳动力成本也相应攀升,劳动密集型产业的外贸竞争力也相应下降。与此同时,印度、越南在发展中以其低廉的劳动力成本,承接了来自中国的大规模产业转移。从印度、越南两国经济近年来的增长趋势来看,全球下一轮经济增长亮点或将转移至这些劳动力成本更加低廉的新兴经济体。2016 年,中国 GDP 同比增长 6.7%,印度、越南 GDP 同比分别增长7.1%、6.2%。同时近年来中国 GDP 增长速度在不断放缓,而印度、越南两国 GDP 增长速度则相对平稳。

2018 年上半年的一系列指标显示,越南经济正在迅速增长,其 GDP 同比增长 7.1%,是自 2011 年以来的最快增速。越南制造业部门的产出同比增加了 13.1%。制造业的繁荣助长出口,使越南 2018 年上半年出口同比增长近 20%,而 2017 年全年的增速为 17%。据国际货币基金组织的最新数据,2017 年越南 GDP 约为 2 200 亿美元。

越南吸引大量外国直接投资(FDI)流入服装、鞋类,尤其是电子产品等行业的能力推动了制造业和出口业的成功。例如,估计全世界 1/10 的智能手机现在在越南制造。最新数据显示外国直接投资流入量也在蓬勃发展。这些在 2018 年上半年估计价值为 130 亿美元,同比增长 11%。根据国际货币基金组织的最新数据,为了将这些外国直接投资流入这一背景,2017 年越南的国内生产总值约为 2 200 亿美元。

四、亚洲各地区间的差异性特征明显

亚太地区各经济体的经济禀赋存在较大差异,其中有日本、韩国、澳大利亚、新加坡、中国等发展实力和基础较好的国家和地区,同样也有发展缓慢甚至处于落后状态的国家，如柬埔寨、老挝、缅甸、斯里兰卡等。

以人均 GDP 来衡量，亚洲各地区间的差异性特征十分明显。除亚洲新兴工业化经济体（韩国、新加坡、中国台湾地区和中国香港地区）及日本等少数地区的人口拥有较高的收入水平外，绝大多数亚洲人口仍属于中等或低收入群体。而且，即便同属中等收入国家的行列，人均 GDP 的国别差异依旧很大。在人均 GDP 增速方面，亚洲各国间也存在着较大差距。正如前文所述，半个多世纪以来，亚洲地区作为一个整体，几乎始终维持着 4% 左右的增速。然而，一旦将各国拆解，该地区经济发展的多样性特征变得更加明显。

金融危机爆发以来，在各大洲经济总量增长差异的背后，实质较量的是结构性改革的努力和效果。美国实施了再工业化、再创新、再出口的结构性调整战略，目前初见成效。中国推动了供给侧结构性改革，2012 年以来也取得较大成效。如广东在推动"腾笼换鸟"调整 9 年后，地方财政收入增长率、进出口增长率、用电量增长率等都取得出色业绩。印度、东盟的结构性改革也取得明显进展。如 2017 年和 2018 年，印度经济增长率预计将达到 7.2% 和 7.7%，东盟五国预计将达到 4.9% 和 5.2%，都高于 2016 年。

五、亚洲的国际分工格局发生新变化

全球价值链是支撑亚洲区域内贸易、产业内贸易、产品内贸易、中间品贸易的基础。以中间品贸易为例，亚洲发展中国家中间品出口额从 2002 年的 3 169 亿美元上升到 2012 年的 7 885 亿美元；同期进口额从 2 934 亿美元上升到 6 949 亿美元。与其他地区相比，亚洲地区全球价值链的一个特征是缺乏区域内最终消费市场，最终消费品的市场主要依赖于美国和欧洲，其中美国是最大的市场。

2008 年全球金融危机之后，伴随着中国经济从投资与出口驱动增长模式向消费驱动增长模式转型,中国开始与美国一起成为亚洲国家出口的主要市场。然而,由于中国劳动力成本提升以及努力向全球价值链中高端攀升,亚洲国家对华中间品贸易出口增速放慢,出口更多转向了最终消费品。从2000年到2015年,中国中间产品进口与制成品出口之比从63%降至约38%。由此带来的结果是亚洲地区的全球价值链对亚洲国家贸易的拉动作用减弱。中国经济结构的转型是一个自然的演变过程,中国从亚洲国家减少中间品进口的同时增加了最终消费品的进口。展望未来,中国正在推进"一带一路"框架下的国际产能合作,这将有助于延长亚洲地区的全球价值链。

由此可见,亚洲的国际分工格局,曾经是以日本作为领头雁的雁行模式,后来逐步发展到了中国从亚洲国家进口原材料零部件然后再向世界其他地区出口成品的模式。而如今,这种以中国作为组装中心的模式已发生重大变化。中国的劳动密集型产业相对于印度和越南不再具有比较优势,产业结构开始升级,零部件的国产化率和加工贸易的国内增加值比例不断提高,且更加注重研发和品牌。中国正在逐渐从组装中心向设计、技术和市场中心转变。

第三节 亚洲经济面临的风险因素

当前,世界经济仍处于深刻调整和变革之中,全球贸易增速持续低于全球经济增速、全球投资大幅下滑、全球汇率波动加剧,全球经济发展面临的不确定性增强。随着逆全球化思潮涌起、民粹主义抬头、特朗普新政出台、英国脱欧进程提速、地缘政治冲突加剧等,全球经济的不确定性进一步加大。在全球经济不确定性风险加大、全球经济由缓慢复苏进入恢复性增长期、全球结构性调整成效分化的背景下,亚洲经济也面临着一些风险因素。

一、逆全球化对亚洲经济形成冲击

1990 年以来,开放、市场机制、创新驱动的传统经济全球化获得了快速发展。然而由于传统的经济全球化存在重大缺陷,缺乏普惠性、共享性,利益分配不均衡,全球化发展成果并没有惠及所有国家、所有地区和所有人群,导致近年来全球化遭遇到越来越多的质疑和反对。特别是 2008 年全球金融危机之后,伴随着全球经济持续低迷,贸易保护主义、民粹主义抬头、英国脱欧、特朗普当选、意大利"五星运动"党和法国"国民阵线"的兴起,西方民众反全球化思潮高涨,全球化进程遭遇强劲逆风。亚洲是开放地区,也是情况极复杂的地区之一,逆全球化对亚洲的打击较大,比如资本外流带来的金融危机冲击,以及逆全球化带来的贸易减速冲击等。近年来,以互联网技术为核心的新技术革命推动全球经济进入转型新阶段,新型全球化正在兴起。未来全球化应走向包容、普惠贸易和共享经济。这对亚洲而言,既是机遇,也是挑战。

贸易保护主义给全球经济增长笼上阴云。特朗普政府掀起"逆全球化",给全球经济增长带来挑战。从中期看,如果贸易保护主义继续发酵,将加大某些国家行业过剩问题,并抑制相关投资;从长期看,贸易保护主义将阻碍全球技术交流和进步,不利于国际分工和竞争,导致劳动生产率下降,削弱全球经济增长潜力。欧洲央行曾警告称,实施更高的贸易关税和贸易保护主义措施是一个重大风险,全球经济活动和贸易短期内的风险均衡已出现恶化,随着众多发达经济体接近产能限制,全球经济增长将放缓。世界银行 2018 年 10 月发布的最新一期《全球经济展望》也明确指出,贸易保护主义升级将给全球经济带来相当大的下行风险。

以特朗普新政为例,其政策主张具有强烈的内顾及保守主义倾向,政策溢出效应将加大未来国际市场环境的不确定性,亚洲地区外向型经济体或将首当其冲面临一定冲击。一方面,虽然减税、扩大基础设施建设等政策安排有助于提振美国实体经济,扩张国内需求,但特朗普政府强调在基建投资等领域使用美国产品,由此造成的进口替代,对于亚洲的原料及工业制成品出口国贸易明显不利;另一方面,特朗普出台大规模税改刺激制造业回流,或将影响国际制造业分工格局,干扰亚洲内部价值链优化整合进程,对亚洲地区生产效率提升产生负面影响。

另外,特朗普政策主张的贸易保护主义色彩强烈,不但对中国、欧盟、加拿大、墨西哥等主要进口国施加报复性关税,更通过退出 TPP 协议,意图淡化与日本及东南亚部分贸易伙伴间的经贸关系,因而可能在未来进一步挤压亚洲主要出口国的外部市场规模,并有可能与相关国家触发贸易战。因此,特朗普系列新政的逐步落实,将严重影响亚洲主要国家外部市场的稳定性,成为扰动其经济增长的主要风险因素。

二、亚洲面临的全球政治风险加剧

国际政策环境的高度不确定性将增加全球政治的不稳定性,成为阻碍全球经济增长的主要风险点。特朗普的贸易保护主义将对美国的主要贸易伙伴和投资伙伴造成不利影响。比如,将增加中美贸易摩擦,若中美爆发贸易战,两国特别是亚洲经济将受到重挫。高盛的研究表明,如美国对中国征收 10% 的报复性关税,则中国对美国的出口将会减少 25%,美国经济增长率将会降低 0.25 个百分点,而亚洲经济增长率降低 1 个百分点。此外,英国脱欧谈判、欧洲难民潮等欧盟潜在的政治变化,中东以及南美洲等国家政治局势不稳,这些因素都是影响亚洲经济的重要政治风险。

就亚洲地区内部而言,朝核问题、南海问题、萨德问题、钓鱼岛问题等地区矛盾仍然存在,地区安全格局动荡已成为影响经济发展的原因之一。与此同时,部分国家国内政治局势也对经济产生了负面冲击。朴槿惠风波、马来西亚大选等引发的政治动荡对经济的影响仍在持续,对这些国家相关行业的稳定发展都将产生明显冲击。此外,民族宗教冲突、核污染等跨国界环境问题、领海领空等边界矛盾问题、恐怖主义、有组织犯罪、毒品贸易等问题在亚洲地区持续存在,都将影响亚洲相关国家甚至世界经济整体的复苏进程。

三、大宗商品价格剧烈波动将加大亚洲经济的不确定性风险

近年来,大宗商品价格过山车式的波动,给亚洲以大宗商品出口为导向的国家带来巨大冲击。受供给过剩和美元升值影响,国际油价从2014年6月的115美元/桶跌至2016年1月初的28美元/桶,跌幅高达76%,跌破金融危机时的最低点位。2016年11月30日,石油输出国组织(OPEC)达成减产协议,这是8年来的首次减产协议,同时非OPEC产油国也与欧佩克达成减产谅解,减产消息成为重启国际油价涨势的转折点,支撑国际油价大幅上涨至2017年3月底的50美元/桶左右。

在全球经济增速放缓的大背景下,需求增长依旧疲弱。受西方解除对伊朗制裁、新能源开发、化石能源效率提升、美国时隔40年再次向海外出口原油、市场份额之争等因素影响,国际石油供给依然过剩。如果需求不够、新能源生产加快、限产协议不能遵守、委内瑞拉扩产、美元升值、美联储多次加息、地缘政治风险加大等事件发生,将进一步增加国际油价的不确定性。其中,英国脱欧、地缘政治风险等因素将增加国际油价向上的压力,美国加息、美元升值等因素将增加国际油价向下的压力。这两种因素相互抗衡将导致国际油价剧烈波动,可能出现大起大落现象。

2018年以来,商品市场反常地大幅波动。从石油到咖啡,从黄金到铜,从猪肉到大豆等25种大宗商品的价格波动的彭博商品指数目前已跌至2017年12月以来的最低水平。彭博大宗商品指数2018年6月创下了两年以来最大月度跌幅,其结果是从5月底的全年高点后,在一个多月中该指数跌幅将近10%。这样的跌幅远大于以反映波动著称的摩根士丹利国际资本指数,后者同期只下降了略超1%。大宗商品市场从以往的平静转向狂暴,突变的画风让不少投资者措手不及。在这背后是

全球市场需求疲弱、争端不断升级、经济前景不确定性加强以及欧佩克采取增产措施等利空消息密集砸向市场,让商品市场不堪重负。

不过比商品价格下跌影响更深远的是未来趋势。由于和需求等基本面密切相关,商品价格通常被视作判断经济景气程度的先行指标,尤其是铜和石油这些工业用途广泛的商品价格更能反映出世界经济的健康状况,它们的价格普遍下行意味着对经济前景已经发出预警信号。

商品价格下跌会带来连锁反应,从而给全球经济带来更广泛的负面影响。近几周商品市场价格下跌已经让新兴市场雪上加霜。原材料生产和出口是不少新兴经济体的经济支柱,而出口减少会让这些经济结构本来就脆弱的国家面临更大考验,比如需要应对本币贬值带来的冲击,就连澳元和加元这样发达国家的大宗商品货币近来都陷入波动,更别说智利比索等规模小得多的货币了。这种联动效应目前已经在市场上体现出来,在大宗商品价格下行的同时,摩根士丹利新兴市场股票指数和新兴市场货币指数也双双下挫。

更严重的后果是大宗商品收入快速下降,会让一些出口国债务违约的风险加大。从一些指标衡量,目前的全球债务形势甚至比 2008 年全球金融危机前更严峻。国际清算银行最近的一份报告显示,2008 年的全球债务为 60 万亿美元,与目前 170 万亿美元的债务相比要小得多。但糟糕的是,今天全球债务与 GDP 之比,要比 2008 年华尔街投行雷曼兄弟垮台前高出 40%。

一些收支严重依赖于大宗商品的新兴市场国家有可能成为全球债务链条上的薄弱环节,而率先泡沫破裂。最坏的情况则是债务危机向更广的范围蔓延,向上传导至发达国家,从而对全球经济造成更严重的破坏。从目前情况看,几乎无法阻止债务泡沫进一步膨胀的趋势。

大宗商品价格大幅波动将加剧亚洲经济不确定性风险。比如,大宗商品出口国包括阿塞拜疆、蒙古国、马来西亚、印度尼西亚、哈萨克斯坦、土库曼斯坦等,若大宗商品价格长期低迷,将严重影响这些国家的出口收入;大宗商品进口国包括巴基斯坦、帕劳、马尔代夫、印度、韩国等,这些国家则会因大宗商品价格走低而受益。

四、亚洲资本外流加剧亚洲货币贬值压力和债务风险

1. 美元升值趋势将加剧亚洲地区的资本外流

从前两轮强势美元对世界经济的影响看,美元走强时期往往是新兴经济体的风险高发期,如 1982—1985 年拉美地区爆发债务危机,1994—2001 年间墨西哥、东南亚、韩国、俄罗斯、巴西、阿根廷先后爆发金融危机。

随着美国经济强劲复苏,2012 年以来,美元汇率再次进入上行通道。特别是 2014 年 11 月美联储正式退出量化宽松货币政策之后,美元指数大幅走强。2017 年美国特朗普政府的减税和基建投资计划拉动美国经济相对强劲复苏和增长,这将进一步拉动美元走强和利率上升。从美元指数来看,实际美元指数(对主要货币)从 2012 年的 82.9 上升至目前(2017 年 3 月)的 108.4,五年累计升值 30.8%。2017 年美元开启新一轮上涨趋势,这意味着今后亚洲外汇市场整体面临对美元贬值的趋势,这将加剧亚洲地区的资本外流。

2. 美联储加息将加速亚洲地区的资本外流

在美国当前低失业、高增长的背景下,美联储可能加快加息步伐以抑制通胀。美联储加息将加速亚洲地区的资本外流,中国、印度尼西亚、马来西亚、菲律宾、泰国等国家或将受到冲击,使亚洲货币对美元汇率面临下行压力,影响亚洲地区的经济金融稳定。

3. 亚洲债务风险加大

新兴经济体为弥补经济快速发展过程中存在的储蓄与外汇“双缺口”,往往大量对外举债,导致较高的外债水平,而这也使其偿债能力在面临汇率波动时更为脆弱。据世界银行数据,历史上曾爆发金融危机的国家中,巴西 1985 年时的外债规模占 GDP 比重为 50%;墨西哥 1994

年外债占 GDP 比重为 58%;1997 年末马来西亚、泰国、印度尼西亚外债占 GDP 比重分别高达 47%、73% 和 63%。尽管当前新兴经济体外债负担仍整体低于前两轮美元升值时的水平,但近年来因经济增长压力加大及美联储零利率政策刺激,新兴经济体的外债规模增长较快,如马来西亚 2013 年外债占 GDP 比重已升至 68%。BIS 数据显示,2008 年以来新兴市场借款人总共发行了约 2.6 万亿美元的国际债券,其中大约 3/4 以美元计价;跨国银行向新兴经济体发放的跨境贷款在 2014 年年中达到 3.1 万亿美元,其中大部分以美元计价。如果美元继续走高,无疑将进一步提升新兴经济体信用违约风险。

受自身债务上升、本币贬值、美元升值、美联储加息和资本外流等众多因素影响,亚洲债务风险隐患加大。IMF 预测,2018 年亚洲一般政府债务比例将由 2017 年的 97.2% 上升至 100.1%,大大超过 60% 的国际警戒线。近年来,东亚债务风险进一步加大趋势明显。此外,东盟五国、新兴和发展中亚洲的一般政府债务比例也存在上升风险。同时,亚洲企业债务风险不断加大。按照 BIS① 的分类,非金融领域的全球债务分为三大部门:一般政府债、非金融企业债、家庭部门债务。从它们各自占 GDP 的比例来看,2007 年至 2015 年,全球一般政府和非金融企业都在加杠杆,债务占 GDP 的比重不断提高。其中,发达国家一般政府债务增速高于新兴市场经济体,新兴市场企业债风险加大趋势明显。金融危机之后,发达国家的私人部门已开始逐步去杠杆,但新兴经济体的杠杆却迅速增加。从家庭部门债务占 GDP 的比重来看,全球家庭部门债务占 GDP 的比重由 2010 年的 51.74% 缩小至 2015 年的 50.41%。其中,发达国家这一比重逐步减小,新兴市场经济体却继续增加。IMF 指出,亚洲特别是中国和韩国的企业债务风险加大,中国香港地区、马来西亚、新加坡、泰国的家庭负债风险加大,高债务水平将制约财政措施

---

① Bank for International Settlements,国际清算银行。

的空间。

　　随着美元加息、升值,亚洲债务风险加大,国际短期资本加速撤出亚洲,这可能导致出现类似于1998年的亚洲金融危机。历史上,每一次美元升值周期通常都伴随外部世界金融市场的动荡。针对特朗普执政后美元汇率的走势,国际金融市场存在不同的判断,特朗普本人对此也给出了相互矛盾的信号。我们认为,尽管美元汇率已经有较大的升幅,未来仍将会呈现升值趋势。主要理由如下:

　　第一,美联储率先进入加息通道。国际金融危机以来,美国经济一直是发达国家经济复苏的领跑者,美联储也于2015年底正式放弃量化宽松政策,步入加息通道。目前,联邦基金利率维持在0.5%—0.75%的区间内,仍然处于历史低位。相比之下,欧洲央行和日本央行还没有放弃负利率的信号。与历史上联邦基金利率的正常水平(5%—7%)相比,美联储尚有很大的升息空间。至于亚洲新兴经济体,多数国家央行短期内并不会尾随美联储加息。短期利差的扩大对美元汇率升值形成了支撑。

　　第二,特朗普政府有可能通过人为干预方式(贸易保护)缩小美国贸易逆差。这和以往美国政府的做法有着很大不同,尽管特朗普政府指责其贸易伙伴进行汇率操纵(形成对美国的贸易顺差),但贸易逆差的缩小有利于美元走强。

　　第三,特朗普政府通过税收手段鼓励美国公司将海外子公司的累积利润汇回。据估计,目前美国公司在海外的投资利润高达2.6万亿美元。这部分资本回流对美元汇率的影响是显而易见的。另外,通过税收及强制性手段促使美国制造业回归也能够发挥类似的效应。

　　第四,美国放松金融管制会吸引其他国家的资金流向美国。美联储加息、美元升值与资本回流美国一旦成为事实,对亚洲新兴经济体的冲击将是巨大的。2008年全球金融危机之后,包括亚洲新兴经济体在内的发展中国家利用低利率的机遇大幅增加以美元计价的债务融资。

2009—2014 年间发展中国家以美元计价的债务(银行贷款与债券)翻了一番,从 2 万亿美元上升到 4.5 万亿美元。按照摩根士丹利的一项估算,这期间亚洲国家企业以外币计价的债务从 7 000 亿美元上升到 2.1 万亿美元,占 GDP 的比例从 7.9% 上升到 12.3%。与其他地区的新兴经济体(如俄罗斯、巴西)相比,亚洲新兴经济体的负债水平并不是最高的;与 1998 年亚洲金融危机前相比,亚洲国家的偿债能力也不可同日而语,但是它们面对可能的债务风险决不可高枕无忧。事实上,从 2015 年美联储加息开始,亚洲新兴经济体的短期资本流入就已经发生变化。根据世界银行最新的国际债务统计数据,2015 年亚洲短期资本出现了自国际金融危机以来最大规模的流出。虽然并不能据此得出国际资本逃离亚洲的结论,但其风险是客观存在的。

五、人口结构变化对经济的影响

对于亚洲地区内已处高收入水平阶段及部分尚处中等收入阶段的国家而言,在人均预期寿命延长和生育率下降等因素的共同作用之下,其人口老龄化趋势将日益显著。事实上,从人均收入增长的角度出发,真正关乎未来发展的指标应为劳动年龄人口占总人口的比重。人口老龄化意味着这一比重将持续下滑,进而对人均可支配收入的稳定增长构成威胁,因为在收入水平既定的前提下,其部分份额需向退休人员转移。虽然人口变化本身是一个极其缓慢的过程,但只要时间跨度足够长,这种变化将十分明显。

众所周知,在接下来的十年里亚洲将会迎来重大变革,人口因素将极大影响地区的发展动力。亚洲第一次发展浪潮发生在 20 世纪 90 年代,当时日本的"人力"相对接近顶峰,而中国的人力经历了四十年的快速发展并且引发了亚洲第二次发展浪潮,在近十年间达到顶峰。工业革命以来没有什么能比第二次发展浪潮对经济的影响更大。如今,亚洲整体都面临着老龄化的问题,而老龄化的影响才刚刚显现,且在亚洲的影响较全球更大。根据《亚洲经济》的分析,亚洲65岁以上人口将会成为世界上最大,且增长最快的市场;2017年这一人口数量为3.65亿,而到2027年,这一人口数量将会上升至5.2亿。人口老龄化将导致劳动力的严重不足,抑制经济发展和劳动生产率的提高。此外,人口老龄化将对公共财政的可持续性造成冲击,同时也会对教育、消费品结构、医疗等一系列社会服务制度安排造成冲击。

具体而言,伴随着劳动年龄人口绝对数量的骤降,如今的日本已深受"人口负债"问题的困扰。而就当前趋势而言,或许就在不远的将来,新兴工业化经济体、中国及部分东盟国家也将步日本之后尘,面临同样的严峻挑战。与此同时,印度及其他亚洲国家正享受着人口红利所带来的好处,可以预见直至本世纪中叶,上述国家的人口状况都将十分良好。

未来二十年,亚洲新兴市场的人口老龄化速度将有史以来首次超过发达市场。这一人口结构变化对于国际收支、金融市场以及监管法规都将产生重要影响,因为亚洲新兴市场上的金融资产规模庞大且仍在增长、当前对资本外流的限制需要放松以允许退休人口的储蓄被更为有效地配置。人口结构因素已经显著加大了韩国、中国台湾地区、泰国和中国大陆的资本外流压力,我们的分析显示未来5年净流出将达到近2.0万亿美元。资本外流压力在马来西亚也正在积聚并将在未来10年达到峰值,而未来10年在印度尼西亚和印度则仅为不到GDP的1%,对于菲律宾而言这一影响几乎不存在。

六、中国经济新常态给亚洲经济带来的风险与机遇

1978年改革开放以来,特别是中共十六大以来的十年中,中国的经济总量在世界的排名由第6位上升至第2位,经济总量占世界的份额由4.4%提高到10%左右,对世界经济增长的年平均贡献率超过了20%,中国成为了全球最大的出口国和第二大进口国,当之无愧地成为了世界经济增长的引擎。在全球化的今天,中国改革开放取得的巨大成就

所带来的不仅仅是中国的发展,更是亚洲乃至整个世界的共同发展与繁荣。

中国的发展变化与新兴经济体的群体性崛起以及整个世界经济与政治格局的大调整、大变革和大发展之间互为因果关系,世界各国之间无论在政治领域、经济领域甚至是安全领域的关系变得如此相互依存是前所未有的,这种变化意味着外部环境变化对于各国的影响力也超越了以往任何时候。伴随这种变化而来的还有各种不确定性和风险因素的增大,这已经并将继续引发亚洲政治经济和安全格局的深刻变化。

中国的经济规模及其在亚洲地区经济中的位置决定了中国经济增长所具有的地区性质,中国的经济增长是地区经济增长的重要组成部分。也可以说,作为亚太地区产业分工中人口规模最大的经济体,中国的发展不仅改变了该地区的经济结构,也影响了地区未来的经济发展趋势。

中国经济放缓将对亚洲地区的重要贸易伙伴产生重要影响。近年来,中国经济由高速增长进入了中高速增长的新常态。中国经济的放缓,将对亚洲那些为中国提供原材料和中间产品的经济体产生冲击。同时,中国经济的转型升级和在全球价值链中的上移,将为许多亚洲发展中经济体创造更多的机遇。中国工资的提高带来了家庭消费能力的提高,有利于扩大中国从亚洲区域内的进口。中国经济的转型升级,可能将更多的生产活动转移到成本更低的印度尼西亚、越南等亚洲其他国家和地区,为其提供重要发展机遇。

七、亚洲经济政策协调难度较大

亚洲各经济体经济结构不同,所面临的经济问题和采取的对策不同,导致亚洲经济政策分化严重,宏观经济政策协调难度较大。比如日本试图靠货币政策来实现结构性复苏,采取包括加码量化宽松规模和实施负利率政策在内的"超级量化宽松政策",以期刺激国内投资和需求,拉动经济增长。但这些措施仍难以解决日本经济面临的外需依赖型经济结构、产业空心化、人口老龄化和不断增长的国债负担等长期结构性难题。中国通过推动供给侧结构性改革、实施扩大内需政策和加大对外投资力度，来解决自身的经济发展问题，并为本地区乃至世界经济增长注入新活力。然而，中国经济中高速增长的新常态、经济结构转型将是一个中长期的过程。亚洲的资源出口国则面对如何应对大宗商品价格低迷、全球需求不足、美元升值等带来的外部冲击的问题，亚洲美元债务较重的经济体则要努力化解美元升值所带来的债务风险。

亚洲的区域经济合作呈现出一系列失衡特征：一是区域贸易协定的数量与质量失衡。亚洲是全球区域贸易协定数量最多的地区，但一直缺少统一的区域经济一体化组织。二是大国与小国的失衡。由于大国之间的矛盾，区域经济合作的主导权在某种程度受小国（或小国集团）的影响较大。区域全面伙伴关系协定（RCEP）就是一个典型的例子。三是域内国家影响力与域外国家影响力的失衡。从亚洲金融危机开始，作为域外国家，美国一直主导着亚洲区域经济合作的发展进程和方向。

2015 年 10 月由美国主导的跨太平洋伙伴关系协定（TPP）完成谈判，成为许多亚洲国家所期望的区域经济一体化模板。除了第一批成员国外，韩国、菲律宾、泰国、印度尼西亚等表示出尽快加入的意愿。而特朗普上任伊始就宣布退出 TPP，这显然不是特朗普的个人偏好所致，而是美国反全球化理念的必然结果。以日本为主的其他 TPP 成员国试图说服特朗普改弦易张重新加入 TPP，但至今未能如愿。同时，部分成员国（如澳大利亚、智利）希望由中国填补美国所留下的空缺同样面临众多的障碍。其中，最大的障碍来自日本。作为剩余 11 国中的最大经济体，安倍政府当初参加 TPP 的动机主要是基于非经济层面的考虑。特朗普执政后，安倍政府又把维护美日同盟作为日本对外政策的基石，这就决定了即便中国有意愿参加，日本也不可能接受。

在 TPP 遇阻的情况下，亚洲区域全面伙伴关系协定谈判进程有望进一步加快,但它很难成为亚洲多数国家所认同的区域经济一体化模板。目前,谈判的主要障碍在印度。维持原有的贸易投资自由化标准,印度无法接受;降低既定的标准会遭到日本等发达国家的反对。特朗普政府退出 TPP 之后,亚洲多数国家怀着"必须要做点事情"的心态会更积极地推动 RCEP 谈判。为尽早取得成果,适当降低贸易投资自由化标准或者做一些妥协是最可行的选择。以 TPP 为参照系,RCEP 的贸易投资自由化无疑是低水平的。即便 RCEP 得以达成,亚洲地区的发达经济体(如日本、韩国、新加坡、澳大利亚、新西兰等)也恐难完全认同以它作为亚洲区域经济一体化的模板。

美国放弃 TPP 并不意味着它将放弃与亚洲国家的经济合作,因为亚洲仍然是全球经济最具活力的地区。依照特朗普政府的"美国优先"理念,一方面,美国可能会对已经和美国签有双边自贸区协定的国家重新开展谈判,如美韩自贸区协定,原因是韩国对美国长期存在贸易顺差。另一方面,美国会选择没有与之签署自由贸易区协定的国家开展双边谈判。在这方面,日本将是首选。日本是美国最大的贸易逆差国之一,打开日本市场是特朗普政府的目标。同时,鉴于日本对美日同盟的依赖度越来越高,特朗普恰好可以对其运用"敲诈式谈判",迫使日本开放汽车市场。这种以双边为主的自贸区谈判将会使亚洲地区的"面条碗效应"进一步加剧。

近年来,亚洲国家形成的一个重要共识是,只有不断深化区域一体化,各国才能增强自身抵御风险的能力、实现更稳健的经济增长。继续加强合作,是亚洲经济新活力的重要来源。在当前全球经济复苏乏力的大环境下,亚洲国家要破解发展难题,就必须加强内外合作。

在过去的二十多年间,东亚经济"韧性"的提升在很大程度上得益于地区经济合作的发展。1997 年亚洲金融危机的爆发,让东亚各国意识到 IMF 等区域外国际组织的有限作用以及本地区区域合作的重要性,这成为东亚区域合作快速发展的主要推动力。此后,东亚经济一体化沿着"10＋1""10＋3"、东亚峰会、中日韩领导人会议等多条路径同时开展。东亚区域合作的成果在2008年次贷危机不断升级时得到初步体现,东亚各国经济的脆弱性明显降低。当美欧经济受到冲击时,东亚新兴工业化国家仍保持了难得的经济活力。同时,东亚地区区域一体化机制得到不断发展。2009年,时任中国总理温家宝在博鳌亚洲论坛上宣布成立总规模达100亿美元的"中国-东盟投资合作基金"。2010年,该基金正式开始运作。同年,中国-东盟自贸区全面建成。另一方面,东亚地区合作的成果也对区域外国家产生了强烈的吸引力,继2005年东盟10国和中、日、韩、印、澳、新6国领导人在吉隆坡举行首届东亚峰会后,2011年美国和俄罗斯也成为该峰会成员国,这标志着"10＋8"机制运作的开始。

　　总之,亚太地区各经济体的经济禀赋存在明显差异,其中有日本、韩国、澳大利亚、新加坡、中国等发展基础较好的国家和地区,同样也有发展较为滞后的国家,如柬埔寨、老挝、缅甸、斯里兰卡等。这些差异对亚洲经济一体化发展构成重要障碍,但并不妨碍中国与这些国家和地区的合作。中国提出"一带一路"倡议,打造亚洲基础设施投资银行,推动区域内多边和双边自贸区谈判,积极推进人民币国际化,努力促成经济体之间的发展战略对接等等,无不体现出中国在发展同亚洲周边国家经济合作中的新实践、新领域和新高度,有利于拓宽和这些经济体的合作之路。

第三章
区域一体化理论与亚洲经济一体化
实践:格局与困境

区域一体化是自 20 世纪 90 年代以来最具活力的经济现象,它与经济全球化一同推进着世界经济快速发展,塑造了当今世界经济格局。伴随着多边自由贸易谈判难度的加大,全球自由贸易体系举步维艰。与此同时,双边或有限多边的区域一体化合作却一路高歌猛进,成为目前最具研究价值和现实意义的经济活动之一。

第一节 区域一体化理论与全球区域一体化发展

一、区域经济一体化的理论发展

区域经济一体化的理论研究始于 20 世纪 50 年代,相关文献和研究成果丰富,到 20 世纪 90 年代后期已经形成了一套较为完善的理论体系。通常将 20 世纪 90 年代以前的理论称为传统的区域经济一体化理论,并采用英国经济学家 Peter Robson 构建的框架进行分析。①

理论界一般认为,1954 年第一届诺贝尔经济学奖获得者荷兰经济学家 Tinbergen(1954)在其著作《国际经济一体化》中第一个提出区域一体化的定义,他认为区域一体化是通过国家或区域之间相互协作与统

---

① 其框架将区域经济一体化理论分为:自由贸易区理论、关税同盟理论、共同市场理论、经济同盟理论和完全的经济一体化理论,其中以关税同盟理论为核心理论,其他理论以关税同盟理论为分析和形成的基础。

一,将阻碍经济活动有效运作的因素加以弱化、消除,以创造出最优的国际经济结构。[①]目前被理论界广泛认可和引用的区域一体化概念是由美国经济学家 Balassa(1961)提出的,他认为区域经济一体化是"过程"与"状态"并存的概念,区域一体化既是采取旨在消除区域内各国之间差别待遇措施的过程,又是上述差别待遇消失的一种状态。[②]总体来看,学界对区域一体化的定义并不统一,不同学科之间对一体化的定义各有侧重。

1. 关税同盟理论的研究及进展

在 Viner(1950)奠定了关税同盟理论的核心地位以后,[③]Meade(1955)等学者在完全竞争、生产成本不变、运输成本为零的前提条件下,量化了关税同盟的"贸易创造"和"贸易转移"效应。[④]Meade(1955)补充和完善了关税同盟的贸易效应研究,将侧重点扩大到高效率群体以及消费方面的研究。Mundell(1968)首次提出了贸易条件效应。[⑤]Balassa(1962)认为,关税同盟的建立也将促使非成员国提高自己的劳动生产效率,将经济一体化效应的贡献从一体化内部扩展到一体化外部。20世纪 70 年代,许多学者还修正了关税同盟理论忽视动态效应、未考虑经济增长影响等问题,进一步促进了关税同盟理论的完善。

2. 自由贸易区理论的研究及发展

在关税同盟理论的基础之上,Meade 建立了自由贸易区理论。Meade(1955)认为自由贸易区产生的经济效应不同于关税同盟,自由贸易区会产生"贸易偏转"现象。为了防止这种现象的发生,必须制定和实施原产地规则。Robson(1980)认为,自由贸易区的建立可能也存在贸易创造和贸易转向效应,但是与关税同盟相比,自由贸易区无法避免

①　Tinbergen J. International economic integration [J]. Books (Jan Tinbergen), 1954.

②　Balassa B. The theory of economic integration [J]. Homewood, IL: Richard D. Irwin, 1961.

③　Viner J. The Customs Union Issue. Carnegie Endowment for International Peace[J]. New York, 1950.

④　Meade J E. The theory of customs unions[M]. North-Holland Publishing Company, 1955.

⑤　Mundell R. International Economics [M]. Mundell International Economics, 1968.

地存在"间接贸易偏转"现象。间接贸易偏转不可能通过原产地规则加以限制或者消除。[①]

3. 要素市场一体化的研究与发展

要素市场一体化理论是由美国经济学家 Deniau(1960)等人完成的。他们认为允许劳动力和资本等生产要素自由流动的直接结果是要素价格均等化,要素价格的均等化还会进一步导致行业收入均等化。[②]Linder(1986)认为,劳动力将从劳动报酬低的国家流向高的国家,最后各国之间的劳动报酬趋于一致。[③]

4. 政策一体化的研究及发展

Balassa(1962)认为,一体化内部成员国政策差异不利于产品和生产要素的自由流动以及资源的配置。政策一体化可以有效降低这种负面影响。Robson(1980)将政策一体化看作一体化的最高阶段,要求实现政策措施的高度统一。

5. 其他新的研究视角

在区域贸易协定的动因方面,Grossman 和 Helpman(1995)的研究认为在给定生产者游说的情形下,当两国的生产者获得的租金更大时,自由贸易区形成的可能性更大。[④]Krugman 等学者建立新贸易理论模型,将规模经济、不完全竞争、多样化偏好以及产品的异质性等加入传统的贸易模型中来,使后续学者得以重新认识区域一体化效应的量化问题。Krugman(1991)认为 FTA 的形成是源自双方地理上的接近或比较优势的结构相似,并开始从新经济地理学的角度研究区域经济一体化的

---

① Markusen J R, Robson A J. Simple general equilibrium and trade with a monopsonized sector [J]. Canadian Journal of Economics, 1980: 668—682.

② Deniau J F. The Common Market: its structure and planning [J]. New York: Frederick Praeger, 1960.

③ Linder S B. The Pacific century: economic and political consequences of Asian-Pacific dynamism [M]. Stanford University Press, 1986.

④ Grossman G M, Helpman E. V. The Politics of Free Trade Agreements [J]. V American Economic Review, 1995, 85(4): 667.

成因。①Baier 和 Bergstrand(2004)的研究也支持了 Krugman 的观点,认为这种"天然"优势的存在使得国家之间更容易形成 FTA 。②

20 世纪 90 年代以后,区域一体化进入了飞速发展时期,呈现出越来越多的新特征,具体表现在:新兴的区域一体化不断涌现,出现了南-北合作型的区域经济一体化组织。原有的区域一体化不断深化和扩展,内部的自由化程度越来越高,区域在全球经济发展中的重要地位愈发凸显(Storper, 1995)。③区域一体化的理论研究也不再仅局限于国际贸易和政治关系的范畴之内,新区域主义、新经济地理学、新制度经济学等各具特色和侧重的分析范式加深了人们对日益复杂的区域一体化的理解。丰富、多元的理论认知和分析框架指导了全球范围的区域一体化实践。区域一体化组织的涌现重塑了世界经济面貌。微观上,区域一体化降低了区域内的贸易壁垒,重新构建了国家和地区间的贸易联系;宏观上,其与全球化力量共同作用使得世界经济网络交叉、重叠。伴随着区域一体化的实践发展不断深化,区域一体化进程愈发呈现出多维度的空间特征,也使之成为一个多学科参与的科学问题。

6. 简短的评述

总体来看,区域经济一体化的理论研究非常丰富,而且随着时代的发展不断地深化,大量有价值的结论不断涌现,但仍然存在着一些缺陷和不足:首先,理论研究架构还未完善。20 世纪 90 年代以后,博弈理论、产业组织理论、地理学理论、以及寻租理论等新观点和新方法尚处于架构之中,还未形成完善的体系。其次,发展中国家经济一体化的研究较为缺乏。传统的区域经济一体化理论是以发达国家的区域经济一

---

① Krugman P. The move toward free trade zones [J]. Economic Review-Federal Reserve Bank of Kansas City, 1991, 76(6): 5.

② Baier S L, Bergstrand J H. Economic determinants of free trade agreements [J]. Journal of international Economics, 2004, 64(1): 29—63.

③ Storper M, Scott A J. The wealth of regions: market forces and policy imperatives in local and global context [J]. Futures, 1995, 27(5): 505—526.

体化实践为研究基础的,而对发展中国家的研究比较欠缺,这一领域一直是区域经济一体化理论发展中的难题之一。最后,在世界多边贸易体制的谈判屡屡受挫的同时,区域经济一体化却发展迅速,这种现象目前还没有得到很好的解释。

二、区域一体化效应的研究进展

1. 区域经济一体化具有静态效应与动态效应

传统区域经济一体化的整合以"贸易创造"与"贸易转向"效果作为区域经济一体化静态效应的评估标准。所谓贸易创造,是指在两个或两个以上经济结盟的国家内,某产品生产效率较低的一国不再生产该产品,而是从生产效率较高的结盟国家输入,以创造财富。所谓贸易转向,是指一国原来从非结盟国家输入生产效率较高的产品,现在由于与某国结盟,转而将该产品由生产效率较低的结盟国家输入,从而发生减少财富的效果。依此,经济结盟国家的平均国民所得,需视"贸易创造"与"贸易转向"的效果轻重而定。但是否会由此增加全球贸易量,似尚未有定论。

目前,各主要工业化国家(日本除外)均分属于各主要贸易集团,且为经济合作与发展组织(OECD)会员国。OECD极力为区域经济一体化的效应辩护,早在1991年2月就曾提出,区域经济一体化除了具有静态效应之外,还具有"动态效应",即区域经济一体化通过国与国之间的结盟整合,一是提高了生产效率,二是获得了规模经济,三是在长期中增加了投资机会,四是通过外部性使非结盟国家获益,等等。因此,经济一体化对于结盟与非结盟国家均有利。但如果结盟国家缔结动机偏重于扩大市场,而不顾及国际社会责任,则可能造成世界贸易体制的"破碎",并因区域性经济组织运用不当形成"贸易堡垒"。

2. 区域经济一体化具有替代作用与补充作用

区域经济一体化的替代作用,是指区域经济一体化使结盟国家间彻底消除贸易障碍,从而取代"多边自由化"的功能。由于多边自由贸易在短期内难以达成共识,从而使得各国在多边体制下实际获益不大,例如北美自由贸易区的墨西哥可以得到经济一体化过程中因整合而带来的效益,但若置于多边架构下,此种效益将很难产生。

区域经济一体化的补充作用,是指缔结区域经济一体化协议后,结盟国家由于减少国内保护,经济竞争力得以提升,进而有较大意愿对非结盟国家开放市场,同时也相应要求非结盟国家开放市场,从而促进国际贸易自由化的进程。因此,当区域经济一体化使结盟国家国内产业竞争力提升后,即使有特别利益团体要求保护,政府也有理由加以拒绝。从这种意义上讲,区域经济一体化协议具有调适功能,它促使各结盟方不断调整自己的行为,以消除贸易壁垒,从而成为促使世界贸易迈向自由化的基石。

对区域经济一体化的替代作用与补充作用,究竟孰大孰小,认识不一。不过,OECD认为,该组织会员国所属欧盟、美加及澳新三大自由贸易集团,对于WTO体制而言,具有补充作用,而非取代作用。虽然OECD号称"富国俱乐部",但其29个会员国均属于WTO会员国,因此,该组织对区域经济一体化补充作用的认识具有代表性。区域主义不宜被认为是对"多边主义"的挑战,两者完全可以并存。

3. 区域经济一体化的整合范围具有可延伸性

20世纪80年代以前,区域经济一体化旨在消除相互间商品贸易的关税及非关税障碍(NTBs)。NTBs包括关税估价、通关手续、倾销、补贴、政府采购、标准、安全、卫生条件、检验、检疫及各种行政指导等。联合国研究报告指出,各国政府所采取的NTBs中,日本、瑞士及瑞典等国偏重于农业产品,美国、加拿大、澳大利亚及新西兰侧重于工业产品。消除关税与NTBs有助于贸易自由化。20世纪80年代以后,区域经济一体化的整合范围延伸至服务贸易(如银行、运输及保险等)、国际投资、科技贸易、知识产权保护,乃至劳工及移民问题等,层面广泛,欧盟甚至延伸至对租税、货币、边境等问题的整合。

现阶段世界贸易体制正徘徊在十字路口,有的强烈要求迈向自由化,有的则更加依赖所谓"管理贸易"及"结果导向"的贸易政策,并有以双边方式解决贸易问题及组成贸易集团的倾向。就改善经济效益及促进经济增长而言,自由贸易体制比限制贸易体制更为有利,世界贸易多边谈判的前八回合,都是在致力于排除关税及非关税贸易障碍。据联合国估计,1989 年各国采取 NTBs 所造成和限制的效果,约为关税障碍的3—4 倍,世贸组织已经完成的乌拉圭回合谈判及还在进行的多哈回合谈判,都已将触角延伸至无形贸易等各个层面。

三、全球区域一体化的发展

区域经济一体化起源甚早,远在 1948 年 1 月关税贸易总协定(GATT)生效前就已存在。从那时起到现在的半个多世纪以来,散布于全球五大洲各地区所成立的区域经济组织,起起落落,概不胜数。就连非洲、中东、中南美洲各地,亦各有数个经济组织出现,有的非但未因时代变迁而消失,而且自 20 世纪 80 年代以后就有逐渐由小规模、小块状经济集团结合发展成大规模、大块状经济集团的趋势,"区域一体化协议"(Regional Integration Agreement, RIAs)盛行。世界银行还曾于1996 年开展过对"区域主义与发展"的研究计划。到目前为止,超过一半以上的世界贸易是发生在现有的或可望成立的"贸易集团"之间。特别是欧洲单一市场的形成,更是引起了非欧盟国家的高度关注。一些欧盟以外的其他欧洲国家,包括欧洲自由贸易协会(European Free Trade Association, EFTA)、东欧及地中海沿岸国家,均表示有加入欧盟之意。而一些非欧洲国家,由于受罗马条约规定的限制无法加入欧盟,则寻求如何组织经济共同体,以与欧盟抗衡。如北美的美、加、墨三国缔结的"北美自由贸易协议"(North American Free Trade Agreement, NAFTA)足以对抗欧盟,而且还有更多的双边或多边区域贸易协议正在讨论之中，其中就包括亚洲国家构建经济共同体的各种方案。

自 20 世纪 50 年代末以来，一些地理相近的国家或地区间通过加强经济合作，为谋求风险成本和机会成本的最小化和利益最大化，形成了一体化程度较高的区域经济合作组织或国家集团。在此后的半个多世纪的时间里，全球区域经济合作出现了三次发展浪潮。第一次浪潮发生在 20 世纪 50—60 年代，以 1956 年成立的欧洲经济共同体为标志。第二次浪潮发生于 20 世纪 90 年代初期，其标志是欧洲统一市场的形成，北美自由贸易区和亚太经合组织的诞生。20 世纪 90 年代末期，全球区域经济一体化出现了迅速发展的态势，掀起了第三次浪潮，并一直延续至今。这次浪潮的特点是区域贸易协定特别是双边 FTA 在全球各地涌现。

亚太地区最早的双边 FTA 是 1983 年签署的澳大利亚-新西兰紧密经济关系协定，在 1989 年以前，它一直是亚太地区唯一的双边 FTA。1997 年，全球 GDP 排名前 30 位的国家和地区中，唯有东亚的日本、韩国、中国内地（大陆）、中国香港地区与中国台湾地区没有加入任何双边 FTA。但 1997 年以后，东亚各类双边 FTA 大量涌现，成为区域经济合作第三次浪潮在亚太的主角。

在美洲地区，加拿大与智利达成了双边 FTA，与欧洲自由贸易联盟的双边 FTA 谈判也已于 2014 年完成；2000 年 7 月墨西哥与欧盟达成了双边 FTA；美国在 2000 年与约旦达成了双边 FTA，与智利、韩国、新加坡和土耳其的双边 FTA 也以"快车道授权"的方式正在谈判。在加勒比地区，有 13 个成员的加勒比共同体与多米尼加和古巴达成了双边 FTA。

随着欧盟东扩进程的加快，欧洲地区的双边 FTA 进一步向外伸展。在实现东扩之前，欧盟与中东欧国家通过双边协议已联系在一起，保加利亚、捷克、匈牙利、波兰、罗马尼亚、斯洛伐克和斯洛文尼亚签署了中欧自由贸易协定，波罗的海地区的爱沙尼亚、拉脱维亚和立陶宛也已建立了自由贸易区。

非洲各国也开始了推进一体化的进程：西非国家共同体成员已同意实行统一税则，包括10个国家的南非发展共同体成立了自由贸易区，有20个国家参加的东南非共同市场也已于2000年10月启动。

在中东地区，海湾合作理事会于1999年1月同意到2005年实现同一税则。在众多中东国家中，以色列和约旦已经与美国签署双边FTA。2003年5月，美国已经宣布拟在今后10年内与中东各国建立一个双边FTA。

总之，区域经济一体化是世界经济发展的必然结果，是现代社会生产力发展和生产关系变革的客观反映和客观要求。区域经济一体化是伴随着经济全球化的推进而不断发展升级的。由于世界各国在生产力水平、经济结构等方面存在着很大差异，达到完全的全球经济一体化还需要较长的发展过程。

第二节　亚洲经济一体化发展脉络与格局演变

亚洲是世界上政治、经济、文化背景最为复杂的交织区域，亚洲经济一体化也是当今世界上三个经济一体化区域中内容最复杂、表现形式最为特殊的地区。20世纪90年代以来，随着北美自由贸易区和欧盟的正式启动与顺利发展，亚洲经济一体化进程引起全世界的广泛关注。亚洲地区多样性突出，内部动力不足，核心国家缺乏，安全环境欠佳，所以对经济一体化的反应比较迟缓。也是这些因素导致了亚洲内部本身多种力量的制衡产生的离心因素，在经济全球化的时代，亚洲经济的一体化已经不再可能走欧盟或北美的发展道路，这一点已毋庸置疑。

实际上，加强亚洲经济合作在很早的时候就已多次被提及，但是都在外部强势力量的打压下夭折。随着战后亚洲经济的发展，在经济全球化进程不断推进的大趋势下，亚洲经济一体化的进程变得不可能再停滞。亚洲各国已经强烈意识到了加快经济一体化的必要性和紧迫性,尤其在经历了金融危机后,很多国家和地区之间开展了多层次的双边和多边以及次区域经济合作,为促进亚洲一体化的顺利发展打下了良好基础。

一、亚洲各国探索经济合作的缘由

对一地区内的国家而言,地理优势和区域共同利益都会促进各经济体寻求积极的贸易,增强地区经济的合作。概言之,有以下三个因素呼吁亚洲各国探索合作之路。

1. 地区内经济的相互依存性

一些经济学家认为,由于在同一个地理区域内的经济体之间交通和信息沟通费用较低,因此贸易自然会更容易在一个地区内发生。20世纪80年代,亚太地区内各国间的贸易比率在贸易总量中所占的比重急剧上升,区域内各国间的贸易依存度加大。但当时只有极少数旨在促进国与国之间贸易的优惠贸易协定,而没有一个广泛地区范围内实施的贸易协定。20世纪80年代末,外商直接投资在亚洲地区的经济活动中发挥了极其重要的作用,从而进一步加强了亚洲地区经济的相互依赖性,同时也扩大了地区内贸易的范围和规模。

但一些经济学家认为,国家间经济的相互依存性会由于各国间政策协调的缺乏而使成本增加,国家间的经济相互依存度越高,实施与主要贸易伙伴不协调的政策的成本越高。因此,提供对经济合作伙伴行为的外部控制,或许将有助于减少相互依存关系中的不确定性和成本。

2. 来自外界的共同挑战

对于全球经济可能会分解为互相对立的竞争性贸易集团的担心,激发了亚洲各国进行政府间合作行动的愿望,以减轻对未来进入市场及维持对本国国内贸易政策的控制能力的担忧。大致来看,至少有三个因素可以共同解释这种担忧以及合作进程的加速:其一,美国在它的贸易关系中越来越明显地采用单边主义以及 NAFTA 的建立,使得亚洲各经济体害怕在与美国的贸易博弈中陷入更无力和不利的地位。其二,越来越明显和强劲的欧洲联盟发展趋势。欧盟是一个以优惠贸易协定为特征的歧视性的经济组织,亚洲各国意识到它们需要建立一个相对应的力量来平衡谈判实力,同时通过在自己区域内的经济合作获得经济发展。其三,由于 GATT(关贸总协定)的乌拉圭回合谈判的进程太慢,亚洲各国对于世界经济分割的担忧更加复杂化。这进一步激发了其想要建立一个正式的有关地区合作的政府间载体以确保市场进入的愿望。

3. 地区内竞争

亚洲各国的国内经济改革大体有一个共同的特征:发展外向型经济。各国间在外商直接投资和出口市场两个领域不可避免地要进行相互竞争。但是,一旦其中一个具有影响力的国家率先采取了一些措施使得该国对外商更具吸引力以及在出口市场上更具竞争力的话,其他国家就会紧跟而上以挫败它的优势地位。没有规则的竞争会导致负面结果,因此,不管是资本提供方还是接受方,都希望建立一个能为良好的地区投资环境提供保障的机制。

二、亚洲经济一体化的发展脉络

当下,世界经济已进入大变革时代,亚洲地区正面临着调整经济结构、转变经济增长方式等重大挑战。在这一背景下,亚洲各国清醒地认识到,经济一体化是亚洲新一轮增长的基础和重要动力。

亚洲经济一体化始于中国加入东南亚国家联盟(以下简称"东盟")。东盟涵盖印度尼西亚、马来西亚、菲律宾、新加坡、泰国、文莱、越南、老挝、缅甸和柬埔寨在内的整个东南亚十国。东盟的前身是马来亚(现马来西亚)、菲律宾和泰国于 1961 年 7 月 31 日在曼谷成立的东南亚联盟。1967 年 8 月 7—8 日,印度尼西亚、泰国、新加坡、菲律宾四国外长和马来西亚副总理在曼谷举行会议,发表了《曼谷宣言》,即《东南亚国家联盟成立宣言》,正式宣告东南亚国家联盟成立。东南亚国家联盟成为政府间、区域性、一般性的国家组织。1967 年 8 月 28—29 日,马、泰、菲三国在吉隆坡举行部长级会议,决定由东南亚国家联盟取代东南亚联盟。2002 年 1 月 1 日,东盟自由贸易区正式启动。文莱、印度尼西亚、马来西亚、菲律宾、新加坡和泰国这六个老成员国于 2002 年将绝大多数产品的关税降至 0—5%。越南、老挝、缅甸和柬埔寨四个新成员国则于 2015 年实现这一目标。

2003 年,随着中国与东盟发展为战略协作伙伴关系,中国成为第一个加入《东南亚友好合作条约》的非东盟国家。2004 年 11 月,中国-东盟签署了《货物贸易协议》,规定自 2005 年 7 月起,除 2004 年已实施降税的早期收获产品和少量敏感产品外,双方将对其他约 7 000 个税目的产品实施降税。中国-东盟自由贸易区涵盖 18 亿人口,GDP 超过 2 万亿美元,贸易额达 1.23 万亿美元,成为世界上由发展中国家组成的最大的自由贸易区。

除此之外,亚洲经济一体化进程中还有如下几个标志性框架:

1. 区域全面经济伙伴关系协定(RCEP)

受制于各自国内市场规模无法满足经济快速发展的现实需要,为应对经济全球化与区域经济一体化的发展趋势,东盟在 2011 年开始探讨建设 10 国间充分进行自由贸易的协定,在东盟第 18 次经济部长会议上,最先提出了组建区域全面经济伙伴关系的概念和草案,并得到各国领导人的正式批准。同年 11 月的第 19 次东盟峰会上,东盟国家正式宣布了《东盟区域全面经济伙伴关系框架文件》,为 RCEP 谈判指明方向并奠定了基调。在 2012 年 8 月底东盟 10 国、中国、日本、韩国、印度、澳大利亚和新西兰召开的经济部长会议上,各方均同意组建 RCEP。此后,谈判于 2013 年 5 月在文莱正式启动,截止到 2017 年 4 月,共进行了 17 次谈判,涉及的新领域议题不断深入。在 2017 年 3 月 3 日日本神户的谈判中,16 个 RCEP 成员针对传统贸易与投资以外的投资和电子商务的基本规则,以及关税减让、货物与服务贸易、原产地规则和知识产权等议题进行商榷。可以预见,若 RCEP 协议达成,其将会涵盖全球 35 亿人口、区域 GDP 总和占全世界的 1/3,成为全球覆盖区域最大的自贸区。①作为东盟等发展中国家主导的自由贸易协定,为了保护东盟国家在亚太地区的发展,RCEP 以东盟形成的国家集团为圆心,整合其与日本、韩国、澳大利亚、新西兰、印度签订的"10+1"自由贸易协定,打造东盟"同心圆战略"布局下的东亚经济合作机制,其作用更多体现在功能性,并非政治性。同时,受制于 RCEP 的主导者东盟自身在国际社会的政治经济地位,其涉及的领域较为传统,合作深度有待进一步加强,谈判聚焦于传统贸易方式与"第一代"贸易政策措施,以循序渐进的方式开展合作。"最接地气"的 RCEP 能够最大限度地吸纳发展中国家参与到区域经济合作之中,较低的门槛使其能够不断地吸纳新成员国,尊重各经济体的异质性,在原有的东盟与亚太区域内其他国家签订的双边协议的基础上,不改变原有规则,在渐进叠加过程中注重对已有自贸协定的整合,成为典型的嵌套式发展模式。

近年来,RCEP 谈判取得了巨大进展。2017 年 7 月 17—28 日,RCEP 第 19 轮谈判在印度海德拉巴举行,各方继续就货物、服务、投资和规则领域展开深入磋商。2018 年 4 月 28 日—5 月 8 日,第 22 轮谈判在新加坡举行。在全体会议召开的同时,货物、服务、投资、原产地规则、海关程序与贸易便利化、卫生与植物卫生措施、技术法规与合格评定程序、贸易救济、金融、电信、知识产权、电子商务、法律机制、政府采购等领域都并行举行了工作组会议。各方按照 2017 年 11 月首次RCEP 领导人会议和 2018 年 3 月 3 日部长会议的指示,继续就货物、服务、投资和规则领域议题展开深入磋商,谈判取得积极进展。会议强调各方将按照《RCEP 谈判指导原则》,齐心协力,务实突破,推动尽早结束

---

① 数据来源:中国自贸区服务网。

谈判。2018 年 6 月 30 日—7 月 1 日，《区域全面经济伙伴关系协定》（RCEP）第 5 次部长级会间会在日本东京举行。东盟 10 国、中国、澳大利亚、印度、日本、韩国、新西兰等 16 方经贸部长或代表出席会议。商务部副部长兼国际贸易谈判副代表王受文代表钟山部长参会。发展改革委、工业和信息化部、财政部、农业农村部和海关总署派员参会。2018 年 11 月 13 日，正在对新加坡进行访问的中国国务院总理李克强表示，希望 RCEP 将于 2019 年签署并生效，该协定将为本地区人民带来实实在在的好处。

2. 跨太平洋伙伴关系协定（TPP）

1998 年亚洲金融危机爆发之后，APEC 及其倡导的贸易与投资自由化长时间处于停滞不前的状态。于是部分成员国寻找新的自由化路径，TPP 就是在此基础上产生的亚太跨区域自由贸易协议之一。

TPP 的发展可追溯到 2002 年在墨西哥 APEC 峰会上，新加坡、智利、新西兰三国关于建立跨太平洋伙伴关系协定的谈判。2005 年 4 月，文莱加入谈判并签署协议，同年 7 月，由四个小型经济体为创始国签署且被称为"P4 协议"的"跨太平洋战略经济伙伴关系协定"（TPSEP）成为 TPP 的前身。但起初的 TPP 对亚太地区经贸合作发挥的作用，直至 2008 年 2 月美国宣布正式加入 TPP，才使其迈向了发展的第二个阶段。虽然美国最初只针对金融服务和投资议题逐步展开谈判，但却引发了全球热议与关注。2009 年 11 月，澳大利亚与秘鲁的加入以实际行动支持了美国扩大跨太平洋伙伴关系计划的提议，美国在原有 TPP 的基础上，不断推行全新的贸易议题，至此，TPSEP 更名为 TPP。而后伴随着越南、马来西亚、日本、墨西哥、加拿大、韩国相继加入谈判，由 12 个成员国组成的 TPP 进入迅速发展阶段，2015 年 10 月，12 个国家宣布结束"跨太平洋伙伴关系协议"（TPP）谈判，最终于 2016 年 2 月正式签署《跨太平洋伙伴关系协定》。

TPP 是 2008 年全球金融危机后，美国巩固与加强自身在亚太地区核心地位的体现,其战略重心向亚太转移是以建构跨太平洋伙伴关系协定为经济合作支撑,并聚焦于"新一代"贸易规则与贸易方式,在环境、劳工标准、知识产权等方面具有一定突破,以高标准的门槛来寻求高质量,最终实现加入成员趋同。可以说,以美国为核心的 TPP 自诞生起,其担负的政治使命便高于经济意义。美国借助于 TPP 旨在实现自身"重返亚洲"和"亚洲再平衡"的政治意图,因此 TPP 与 RCEP 的不同点是其重在规则的重塑,旨在维护自身全球经济秩序的话语权与领导权。特朗普就任美国第 58 届总统以后,发布的重大经济决策之一就是退出 TPP。美国的退出对 TPP 是非常严重的打击,甚至有的成员国认为 TPP 已失去价值。但是,日本在积极劝说美国无果的情况下,扛起了 TPP 的大旗。

3. 亚太自由贸易区(FTAAP)

作为亚太地区最具影响力、级别最高的经济合作论坛,APEC 坚持自主自愿、协商一致的原则,所作决定须经各成员一致同意,会议成果文件不具法律约束力。这种合作机制限制了 APEC 推动贸易自由化和经济一体化深入发展的作用,因此,进一步提升 APEC 合作机制是各成员国面临的重要课题。2004 年 4 月 APEC 工商咨询理事会提出了建立 FTAAP 的设想,2007 年 9 月 APEC 悉尼会议对 FTAAP 给予了较大关注,部长级会议向领导人会议提交了一份全面的、包括 FTAAP 作为长期远景的区域经济一体化报告。2007 年后的 APEC 会议均关注 FTAAP 的进展,但 FTAAP 始终停留在研究层面。直到 2010 年以后,APEC 推进才使 FTAAP 相关问题受到重视,2011 年领导人宣言和部长级会议声明都认为 FTAAP 是深化亚太区域经济一体化的主要工具,以应对下一代贸易和投资问题。2014 年在中国主办的 APEC 会议上,中国的积极努力及与其他成员的共同合作,推进了 FTAAP 从愿景到行动的进程。领导人承诺启动并全面、系统地推进 FTAAP 进程,批准了《亚太经合组织推动实现亚太自贸区北京路线图》,决定通过实施路线图,努力在本地区现有自贸区安排基础上尽早建成 FTAAP。

在 2016 年 11 月秘鲁利马举行的 APEC 第二十四次领导人非正式会议中,构建 FTAAP 成为该次会议的重要议题,并如期实现了北京会议中确定 2016 年完成亚太自贸区集体战略研究的目标。此次《亚太自贸区集体战略研究报告》获批是亚太自贸区发展历程中的突破性进展,也是各经济体共同完成的首个实质性动作,但亚太自贸区的具体实现路径、搭建何种平台与制度框架等问题仍面临着重重阻碍。毋庸置疑,建设 FTAAP 将是未来实现亚太区域经济一体化的重要途径之一,也是弥补现有亚太区域各合作机制缺陷的有效手段。

三、亚洲经济一体化的基本现况

亚洲经济一体化进程有着以下几个鲜明的地区特征:

第一,经济一体化先行,但政治上的保留、防范一直存在,甚至有时还发展成对抗。而欧洲、北美经济一体化及政治上的融合是同步的,其经济一体化有政治一体化作支撑。如何使亚洲有关国家把对外关系处理好,经济一体化先行开道,同时又要防止政治上的摩擦、纷争影响经济一体化的深化;反过来,又通过经济一体化增强双方互信,求同存异,并加强沟通和对话,使分歧逐步得到解决。这个共同的问题一直在考量着亚洲各国领导人的智慧。

第二,从一开始,亚洲经济一体化进程就有着浓厚的对抗发达地区强大经济体的色彩,这与亚洲各国历史和近代经济发展趋势有着密切的关系。事实上,亚洲经济一体化进程是由日本经济起飞带动的。在其酝酿期,日本作为地区经济的领头羊,在产业结构升级的驱动下,向周边国家和地区转移夕阳产业,促进了亚洲国家、地区在经济合作上的相互认同。尽管目前日本的国际形象不佳,但它对亚洲经济一体化的影响却是不可否认的。在日本之后,中国经济的崛起对亚洲大陆型发展中国家的经济有着极强的示范作用,成为亚洲经济一体化在新的历史进程中的稳定器。

第三,多样性突出。亚洲幅员辽阔,人口众多,现有 49 个国家和地区。亚洲的多样性在全球首屈一指,从地理角度来看,分为东亚、东南亚、南亚、西亚、中亚和北亚。各国社会制度、经济体制、经济发展水平、宗教、文化、种族等千差万别,像土耳其这样带有浓郁的欧洲色彩的国家甚至有"脱亚"的念头。这种多样性对于亚洲经济一体化而言"弊多利少"。

四、亚洲经济一体化的发展动向

伴随着新兴大国的崛起,世界政治领域的"霸权主义"失去了原有的生存土壤,在全球经济发展中,追求贸易投资自由化与经济技术深度合作的双重目标使"合作共治"成为新时代经济一体化的主旋律,全球经济秩序从以发达国家为主导向发达国家与发展中国家共同参与的趋势转变,这一特征同样体现在亚太区域经济的最新发展之中。

在欧洲大陆上,"英国脱欧"事件点起了逆全球化的火焰,而在亚太地区,美国总统特朗普自上任来的第一个影响世界且带有浓重反全球化色彩的举动便是 2017 年 1 月 23 日签署了美国退出 TPP 的行政命令。美国退出 TPP 顺应了其国内反全球化阶层认为 TPP 所创造的经济价值将会更加惠及发展中国家的观念,正如彼得森国际经济研究所的分析预测,到 2025 年,TPP 的 12 个成员国的经济将因 TPP 达成而增加 2 850 亿美元的社会福利;而 TPP 带来的收益中,有 2/3 将以薪水的方式流入工人手中。对于美国而言,与亚太区域各国积极开展双边经济合作成为退出 TPP 后的最优方案。但对于 TPP 而言,从 2002 年开始酝酿到 2008 年美国加入,其兴衰与美国在其中所发挥的作用密不可分。现在失去美国主导的 TPP 将会面临着搁浅或彻底瓦解的两难局面,虽然日本扛起 TPP 大旗,但 TPP 的影响已大打折扣。此外,RCEP 截至目前仍处于谈判阶段,虽然诸多经济体对此充满期望,但其何时能够发挥实际作用仍是未知,亚太地区经济一体化的未来发展也将伴随着各国经贸合作重心的转移而重新洗牌。

可以预见,亚洲区域经济一体化的最新发展动态是全球经济秩序转型的缩影,也是新型全球治理的有益尝试。在 TPP 的主导力量美国退出、RCEP 谈判正在不断深入但协定仍没有达成之际,亚洲区域经济合作更需要一个制度性框架来弥合两个巨型贸易协定面临的发展困境。而一直以来倡导构建的 FTAAP 可能成为黑暗中的光明,FTAAP 的建立将集合亚太区域内发达国家对贸易投资自由化的追求,以及发展中国家对经济技术合作的诉求,成为"亚太路径"与"东亚路径"殊途同归的最优选项,真正实现亚洲区域经济一体化"两条腿"走路的理想状态。

第三节　亚洲经济一体化进程中的历史困境及有利条件

相比风生水起的欧洲经济、北美经济一体化,亚洲经济一体化进程显得步履维艰,本部分将对其面临的历史困境和有利条件进行阐述。

一、经济发展水平差异困境使一体化谈判难度加大

经济一体化的一个显著标志是"互联互通"。亚洲地区多为发展中国家,经济基础薄弱,无论是基础设施,还是金融机制,抑或能源供给,离互联互通的要求差距还很大。当全球金融危机来袭时,亚洲脆弱的经济便遭受摧残。美国的第三轮量化宽松货币政策(QE3)给亚洲经济套上流动性的绞索,QE3 退场后,亚洲经济又面临被大量"抽血"的挑战。日本经济的长期萧条也阻碍了亚洲经济一体化进一步发展。而欧洲经济一体化不仅有密如蛛网的铁路相联通,还有成熟的金融体系作为保障,而且一条输油管道覆盖欧洲大地保证了能源共享。至于北美,则是世界上经济最发达的大洲,其最主要的两个国家美国和加拿大均为发达国家,人类发展指数较高,经济一体化水平也很高。

作为全球经济发展最具活力与潜力的地区,亚洲各国之间经济发展水平差异大。有日本、韩国这样的发达经济体,有以中国、印度为代表的新兴经济体,也有很多欠发达国家。三类国家均希望在亚洲区域经济一体化的过程中通过经济技术合作获得收益,但因经济发展水平与规模的不同,它们对贸易自由化具有不同诉求。

发达国家拥有良好的教育体系和创新机制,产业结构优化,技术先进,资本丰富。因此,此类国家不仅希望通过贸易自由化实现资源的全球最佳配置,同时还希望通过高标准的贸易协定以出口带动经济增长,尤其是环保、劳工标准、政府采购等市场准入标准,更倾向于代表发达经济体的利益,力争主导区域贸易规则的制定权,通过发达经济体的联盟效应,无形中将亚洲发展中国家排斥在外,遏制其借助区域贸易自由化来发展本国产业的行为。

而对于处于生产链底端、产业较为落后的发展中国家则倾向于对本国的落后产业加以适当保护。发达经济体控制了产业链上附加值最高的研发、核心产品生产等环节,对东亚地区经济合作的深度涉足严重威胁到了东盟在东亚地区的中心地位。而以东盟为代表的发展中国家即使产品生产处于产业链的最底端,也采取"抱团取暖"的方式积极应对发达经济体对其造成的威胁,维护自身在亚洲区域一体化进程中的影响力,并以这种方式抗衡发达经济体。因此,亚洲不同层次国家的不同诉求使得一体化的进程谈判难度加大。

二、政治博弈使经济一体化过程曲折漫长

东亚地区的国家(除日本外)都遭受过殖民主义的统治,摆脱殖民统治的东亚地区依靠外向型经济取得了长足的发展,不过"出口导向"的发展模式也使得东亚地区对美国及欧洲长期形成了市场依赖、技术依赖、金融依赖的非对称依赖关系。

21世纪以来,伴随着以中国为代表的新兴经济体的崛起与东亚经

济体实力的不断增强，东亚地区经济格局已由传统的"雁型模式"逐渐转向中、日、韩"多引擎"齐头并进的格局。东亚经济体经济实力逐步增强，不断加深区域内彼此的合作，逐步减少了对美欧经济的依赖性。同时，中国经济的崛起和日本综合实力的上升，为东亚经济合作奠定了基础，一定程度上发挥了区域合作及一体化发展的稳定器和加速器作用。

随着中国的崛起，中国被美国视为在世界舞台上的主要竞争对手。在美国的亚太战略中，中国因素是美国政府亚太政策的核心。"9·11"事件后美国忙于反恐战争，无暇顾及东亚地区。而新世纪以来，中国在东亚的地位和影响力不断上升。中国在政治安全领域，主张以东盟为中心，积极推动东亚一体化的发展。随着中国在亚洲的全速崛起，美国担心如果继续置身东亚之外的话，将在这一地区被日益边缘化。2011年希拉里在《美国的太平洋世纪》一文中提及"未来的政治将决定于亚洲，而不是阿富汗或伊拉克。美国将置身于行动的中心"，从而再次吹响美国"重返亚太"的号角。随着对亚太地区的重新回归，美国在合作机制方面借TPP发力，阻止东亚国家向中国靠拢，削弱中国对东亚的经济、政治影响力，缓解其盟友对中国崛起的忧虑，确保美国在亚洲的领导地位和排他性影响。

亚洲虽不是火药桶，但从未平静过，地缘政治极为复杂。日本军国主义复活、朝核危机、印巴领土争夺、菲律宾和越南的"小国闹腾"等状况让亚洲始终不得安宁。而美国的战略东移，即战略重点从欧洲转移到亚太地区，像一根搅水棒，使整个亚洲无法消停。美国时不时在中国与邻国之间制造摩擦，企图孤立中国。欧洲经济一体化之所以高歌猛进是因为地缘政治相对和睦，国与国之间政治上相互摩擦较少，所以经济一体化也需要"人和"。但显然亚洲区域经济一体化并不具备这样的良好条件，这使得经济一体化之路曲折而又漫长。

三、各种一体化框架叠加导致合作进程碎片化

亚太地区有彼此交织、重叠的 50 多个 FTAs，这导致亚太地区区域经济合作进程呈现碎片化，企业交易成本增加。巴格瓦蒂把它称为"意大利面碗"（Bhagwati, 1995, 1998）。他认为多重的、相互重叠的 FTA 造成歧视性贸易自由化，同一商品会面临不同的关税、不同的降税轨迹和不同的原产地条款。这会导致国际贸易体系变得杂乱无章，而企业在处理 FTA 时交易成本也会增加。亚洲开发银行行长黑田东彦则将其称为亚洲的"面条碗"效应，并告诫说，这将阻碍更广泛的地区和全球一体化。《亚洲的自贸协定——企业如何应对》中对企业的调查显示，东亚地区现有 FTA 的多重原产地规则确实对企业造成了一定的负担。

总而言之，现有的亚洲区域性经济组织作用有限。欧洲经济一体化有欧盟这个紧密型的经济组织作平台，运作顺畅。北美经济一体化则有泛美自由贸易区作载体，运转灵活。在亚洲，比较有影响力的区域性经济组织是东盟，但其作用更多地局限于东南亚。近几年，在美国插手 TPP 合作之后，原来以东盟为中心的"10＋3""10＋6"合作框架受到冲击。而亚太经合组织（APEC）虽说权威性远超东盟，但目前还只限于反恐方面的合作，经济方面的合作仍未有实质性进展。应进一步促使 APEC 回归作为地区经济一体化平台的功能，重新凝聚共识，推动亚太合作迈向深入，从而促进亚洲经济一体化。

四、亚洲经济一体化进程中的有利条件

近年来，亚洲经济的发展成绩备受全球瞩目，特别在是金融危机中，作为新兴市场，亚洲经济的成长有目共睹。亚洲各国在经济发展中的相互依存度越来越高，走向一体化实属大势所趋。而美国"重返亚洲"的战略改变不了亚洲经济一体化的总趋势。亚洲地区在经济一体化进程中存在以下有利条件。

1.亚洲各国经济联系较为紧密,为地区经济一体化提供了基础

亚洲的贸易依存度已处于较高水平,域内经济体间的相互直接投资水平也在提升,这为地区经济一体化提供了基础。截至 2013 年,亚洲地区的自由贸易协定从 2002 年的 36 个增至 109 个,另有 148 个自由贸易协定正在谈判之中,这将会使亚洲经济一体化明显加速。

2.亚洲地区的大国可发挥核心引领作用

中国、印度和俄罗斯都是"金砖国家"成员,而目前金砖国家正从松散型向密集型转变,以成立金砖银行为标志,金砖国家在亚洲经济一体化中可发挥大国核心引领作用。

亚洲地区内区域性经济组织的活跃性不断增强。急于做大做强的东盟充当领军角色,弥漫着乐观情绪的东亚经济整合的热潮一波接着一波,原本异想天开的包括中国东北、朝鲜、韩国、日本和俄罗斯远东地区的"东北亚经济圈"正在紧锣密鼓地推进当中。而以东盟一体化、东亚"10＋3"及南亚自贸区、中日韩自贸区谈判为代表的诸多"碎片式"努力在不同程度地推进,从未因世界经济复苏缓慢而懈怠,正汇集成亚洲一体化的洪流。

3.亚洲地缘政治的紧张气氛近来有所缓和

近年来,越南、日本等与中国的关系开始转好,一些小国在中国周边的地缘摩擦正在趋缓,这些都有利于亚洲经济一体化冲破政治藩篱。而美国对亚洲崛起的遏制充其量也只是搞小动作,阻挡不了亚洲经济一体化的发展潮流。

第四节　逆全球化对亚洲经济一体化的冲击

自 2008 年金融危机爆发以来,世界经济发展呈现停滞状态,为了尽

早摆脱困境,发达资本主义国家率先祭起了贸易保护主义的大旗,从而拉开了逆全球化的大幕。如果说全球化的发展加速了区域经济一体化进程,那么逆全球化与区域一体化的倒退更是相伴相生。全球化的本质决定了它既有促进经济和科技发展的一面,也有加剧不平等、引发危机的一面。当前世界面临的全球化危机和逆全球化思潮的兴起实际上是对全球化的应对不力导致的。无论是英国脱欧、欧盟内右翼民粹政党崛起,还是特朗普当选美国总统,都显示了欧美发达国家民粹主义力量的上升和逆全球化思想的发展。

虽然逆全球化思潮最先在欧美大陆盛行,但这股风暴却使亚太地区首先受到冲击。在亚太区域的各类自由贸易协定中,逆全球化带来的不确定因素使 TPP 代表的"亚太路径"与 RCEP 代表的"东亚路径"发生颠覆性变化。在新形势下,亚太地区经济合作呈现出以下趋势:

一、美国退出 TPP 后的亚太经贸战略部署

退出 TPP 的举动切实表明了美国对外经济合作政策的重大调整,但这并不意味着美国将放弃重返亚太的战略,只是美国改变了原有参与多边经济技术合作的方式,转向以侧重开展双边贸易合作作为新的亚太经贸战略部署。美国将与日本、韩国、中国等东亚大国开展双边贸易谈判,特别是以中美贸易平衡、人民币汇率、网络安全等问题为关注点,对中国经济施压。同样,美国与日本和韩国进行双边贸易的关注焦点是迫使日韩开放市场,并且要求日韩为美国提供的安全保障承担更多的经济责任。

二、日本开始主导建立 TPP

这主要有以下四个方面的原因:一是 TPP 是安倍经济学的重要组成部分,失去 TPP,安倍经济学将变得不完整。二是 TPP 是高水平的多边自由贸易协定,日本一直希望将其打造成未来经济合作协定的样板,

引领区域经济一体化潮流。三是日本可以借助 TPP 增强与美国、欧盟的谈判筹码，在很多领域直接以 TPP 模式接入，提升其谈判能力。四是 TPP 具有重塑亚太地区经济一体化格局、排斥中国、阻碍亚太地区经济权力转移的功能，日本对此抱有极大的热情。

三、东盟对 RCEP 的坚守与无奈

美国退出 TPP 后，原本东盟为抵抗发达经济体对亚太区域经济资源的占领而建立的 RCEP 会吸引 TPP 中其他的发达国家成员加入，更增强了发展中国家对 RCEP 的信心。但受 RCEP 自身聚焦于传统贸易方式与"第一代"贸易政策措施的制约，即使亚太区域有更多的经济体加入并顺利完成谈判进程，其能够发挥的实际作用仍然有限，而且面临着亚太区域内经济合作向更高层次迈进的结构性困境。

四、中国面临的历史性机遇

美国在亚太区域的消极表现可能会减少本地区经济合作的红利，并减缓经济一体化的发展进程，但却给中国提供了历史性机遇。在亚太地区甚至全球范围内，中、美这两大竞争对手之间的博弈与合作从未停止。在全球经济一体化停滞与国际秩序转型的特殊时期，美国主动放弃引领经济全球化和贸易自由化的主导地位，转向单边主义和贸易保护主义，以及退出 TPP 等举动，为中国推动亚洲地区经济一体化发展创造了千载难逢的机遇。在亚太秩序重组与区域经济一体化升级发展的关键阶段，中国以"三个共同体"思想为基础，以"一带一路"倡议为核心，以更加包容、开放的姿态，积极推进 FTAAP 等多边自由化机制，积极有为地推动亚太区域经济一体化进程。

随着中国经济的迅速发展壮大，越来越多的国家选择同中国进行贸易往来，尤其是亚洲地区的国家。这些国家从地域上距离我国较近，从战略意义上，我国能够尽可能地为其提供帮助。在"一带一路"政策的

扶持和促进下,我国的经济增长有 25% 的概率源自这些国家与我国进行的贸易往来。"一带一路"倡议的实施,将我国和沿线国家越发紧密地联系在一起,形成了一个往来密切的条形区域,"一带一路"倡议形成了突出的优势。首先,中国的制造业和服务业的迅猛发展,为沿线国家开来了一辆发展的"顺风车"。"一带一路"的特色在于其合作的方式不是单一的、片面的合作,而是多项的、全方位的合作。从制造业到基础设施建设,中国为沿线各国提供各项帮助,积极发挥自身的引导作用和促进作用。中国通过加强与沿线国家的交流、合作和互通,在促进各国发展的基础上,加强中国的引导力,逐渐树立中国的主导地位,形成以中国为核心的区域发展机制。其次,在"一带一路"倡议的实施过程中,中国通过与周边沿线国家签订单边、多边协议,规范相互之间的合作,加强在资金、技术、经验上的交流,强化重工业、轻工业等产业的合作,在推动沿线国家发展的同时,进一步优化我国的产业结构,在互联互通的过程中,共同发展,共谋双赢,使中国的影响力逐渐地润入沿线国家当中去。"一带一路"倡议的实施进一步将中国市场和中国经济融入世界经济当中去。中国作为亚洲地区,乃至全世界最大的发展中国家,不仅拥有丰富的市场前景,而且享有更多的发展机遇。通过"一带一路"政策的实施,加强与周边国家和地区的经济往来与合作,有利于促进全球经济一体化进程,打造一个广阔的共荣经济圈。

总之,当前世界正在兴起逆全球化浪潮,并不意味着全球化将会被逆转。相反,推动实现新的全球化将会是大势所趋。中国作为亚洲地区的重要经济大国,有着巨大的发展潜力。中国应顺应时代发展潮流,化挑战为合作机遇,与亚洲各国加强全方位的对话与合作,实现互利共赢。中国和亚洲各国可在"一带一路"倡议、区域化经济合作等领域开展广泛深入的合作,以包容性合作应对全球化挑战,使得全球化发展进一步惠及亚洲各国人民。

第四章
亚洲经济一体化水平：国际比较
及经验启示

近年来，除了个别年份的短暂停滞以外，亚洲的区域经济一体化取得了平稳发展。从贸易一体化、贸易便利化、投资一体化及金融一体化等方面来看，亚洲经济一体化存在逐步提高的趋势。亚洲开发银行的研究报告甚至指出，亚洲的一体化程度仅次于欧盟，在贸易和投资方面的一体化程度与欧盟相当。但与北美和欧洲的经济一体化不同，亚洲经济一体化存在自身的特点。亚洲国家基本采取出口导向型经济模式，其对于外部需求的高度依赖对自身的一体化进程也具有显著影响。随着2008年全球金融危机后贸易保护主义的升温，亚洲经济一体化的发展一方面对于驱动世界经济稳定发展具有重要意义，但同时亚洲经济一体化自身的发展也需要调整模式，以取得更为深入且可持续的一体化发展。

第一节　亚洲经济一体化水平的发展现状与实证测度

衡量区域经济一体化的指标有很多，如欧盟成员国使用的经济趋同指标、一体化指数等。亚洲区域经济一体化并不像欧盟一样提出过明确的一体化目标，在一体化程度上也在各个领域存在差别，所以本文使用亚洲开发银行的评价体系，从四个维度即贸易一体化、贸易便利化、FDI一体化、金融一体化来评价和考察亚洲经济一体化的发展水平。

一、贸易一体化水平明显提升

总体而言,亚洲的区域经济大多属于外向型经济,大多数国家奉行出口导向战略,因此亚洲区域的对外依存度较高。而对于亚洲区域一体化水平而言,我们将重点考察区域内贸易的情况。也就是说,如果亚洲区域内各国之间的贸易呈不断增长趋势,那么就可据此判断亚洲区域的贸易一体化水平提升。具体的考察指标主要包括亚洲内部贸易依存度和贸易流向两个方面。

1. 区内贸易依存度总体下降,但多数国家上升

一般认为,与区域外的伙伴相比,如果区域内的国家在对外贸易上更依赖区域内市场,就可以认为该区域内的贸易一体化程度较高。根据博鳌亚洲论坛的计算方法①,亚洲区内贸易依存度等于一国对亚洲地区的贸易额(进出口总额)除以该国的对外贸易总额。表4-1显示了亚洲

表 4-1　亚洲国家对亚洲的贸易依存度(2004—2016 年)　　　　(单位:%)

主要国家＼年份	2004	2007	2011	2012	2013	2014	2015	2016
中　国	55.16	50.06	47.72	51.14	46.77	46.50	46.24	44.52
日　本	54.40	53.69	58.08	61.29	57.03	57.06	54.19	53.82
韩　国	56.57	56.07	57.92	65.95	62.63	60.74	59.50	59.88
印　度	37.33	48.75	51.28	55.91	54.50	54.23	52.72	53.51
斯里兰卡	50.93	49.30	55.53	62.86	60.17	60.89	60.90	59.13
新加坡	67.25	55.54	53.12	70.55	65.27	65.16	65.50	65.60
马来西亚	63.28	62.56	65.42	71.71	67.72	66.44	66.95	67.14
泰　国	65.56	65.30	67.83	69.69	66.86	66.67	66.22	65.84
菲律宾	63.37	63.44	66.86	72.02	—	—	—	68.76
印度尼西亚	60.39	61.92	65.28	74.10	71.30	70.51	68.75	68.16
越　南	63.82	58.44	—	66.95	62.06	61.11	60.98	—
亚洲整体	55.83	53.07	54.07	59.49	53.01	55.65	51.48	50.74

• 数据来源:博鳌亚洲论坛(2018)。
注释:其中个别国家个别年份的数据不可得,用"—"表示。

---

① 博鳌亚洲论坛.亚洲经济一体化进程 2012 年度报告[R], 2012:48.

国家近年来对亚洲贸易依存度的变化情况。总体而言,亚洲对自身的贸易依存度有所下降,从 2004 年的 55.83％下降至 2016 年的 50.74％。

就具体国家而言,情况则有所不同。从亚洲主要国家来看,对亚洲区域贸易依存度有所下降的是中国、日本和新加坡,其中中国的下降程度最为明显,从 2004 年的 55.16％下降至 2016 年的 44.52％。日本在 2015 年前对亚洲的贸易依存度都有所上升,只是 2015 年和 2016 年有所下降,但与 2007 年的水平较为接近,新加坡的情况与日本相似。考虑到中国的经济体量,基本可以判断,亚洲整体贸易依存度的下降主要来自中国对亚洲贸易依存度的下降。此外,从表中数据可以看出,韩国、印度、斯里兰卡、马来西亚、泰国、菲律宾和印度尼西亚对亚洲的贸易依存度都有所上升。其中,印度上升最为明显,从 2004 年的 37.33％上升至 2016 年的 53.51％,其次,斯里兰卡和印度尼西亚对亚洲贸易依存度的上升也非常显著。所以尽管亚洲国家总体对亚洲的贸易依存度有所下降,但大多数国家对亚洲的贸易依存度有所上升。

中国对亚洲贸易依存度下降的原因,主要在于三个方面。第一,出口产品升级导致的必然结果。中国加入世界贸易组织以后,对外贸易大幅增长,随着其出口产品的升级,亚洲市场中日、韩等国的市场严重不足,导致其转向欧美市场的份额逐渐增加。这其中的重要原因是外资主导的加工贸易,大量来自欧美的外资在华从事加工贸易,从进口和出口两个方面提高了中国对欧美的贸易总额。第二,中国在 2009 年后逐渐推动人民币国际化,主要路径是全球化而非亚洲区域化,所以作为其重要实现路径的对外贸易自然也更加重视全球贸易,而非亚洲区域贸易。第三,中日韩的关系对中国在亚洲贸易的影响较大。尤其在 2012 年发生钓鱼岛事件后,中国对日本市场的依赖度下降,包括 2016 年中韩关系因萨德事件的恶化,都在一定程度上导致中国对亚洲贸易依存度的下降。由此看来,在中美贸易摩擦的影响下,以及人民币加入 SDR 货币篮子后,中国可能会更加重视亚洲市场。而目前中日关系、中韩关系都有所改善,中国未来对亚洲的贸易依存度还有可能上升。所以,可以判断,以对亚洲贸易依存度考察的亚洲贸易一体化程度有所上升。

2. 区内贸易流向显示贸易一体化深入程度较高

贸易流向可以从结构上衡量贸易一体化的深入程度:如果贸易流向较为集中,则区域内贸易主要集中在个别国家之间,经济体的总体参与程度较低。即使总体的区内贸易占比较高,或区内贸易依存度较高,区内一体化程度也并不高,相反,如果贸易流向较为复杂,区内经济体间分配比较均匀,那么经济体参与区内贸易的参与度高,可以判断区内贸易一体化深入程度较高。

表 4-2　2016 年亚洲主要国家间贸易流向　　　（单位:十亿美元）

贸易额	中 国	印度尼西亚	印 度	日 本	韩 国	马来西亚	菲律宾	泰 国
中 国	—	32.12	58.40	129.27	93.71	37.66	29.84	37.18
印度尼西亚	16.79	—	10.09	16.10	7.01	7.11	5.27	5.39
印 度	8.92	3.13	—	3.83	3.47	4.19	1.47	2.96
日 本	113.83	11.33	8.19	—	46.24	12.14	10.35	27.40
韩 国	124.43	6.61	11.60	24.35	—	7.53	7.28	6.48
马来西亚	23.75	6.67	7.71	15.25	5.50	—	3.29	10.63
菲律宾	6.19	0.59	0.32	11.67	2.10	1.19	—	2.13
泰 国	23.57	8.02	5.12	20.42	4.01	9.54	6.35	—

• 数据来源:世界银行 WITS 数据库。
注释:横向数据表示一国出口至其他国家的金额,纵向数据为一国从其他国家进口的金额。

表 4-2 表明,中国和日本的贸易流向较为集中,中日间的进出口贸易占比较高,如 2016 年日本对中国出口额为 1 138 亿美元,同时从中国进口 1 293 亿美元,高于同期其他国家间贸易额。此外,韩国对中国出口的数据也较高,达到 1 244 亿美元。除去这几个数据外,其他数据分布较为分散,虽然中国和日本对外出口旺盛,但在表中的几个亚洲国家间实现了较为均匀的分布。

通过与 2015 年的数据相比可以发现,2016 年中国对亚洲主要国家的出口发生了明显变化,对日韩的出口下降,而对其他国家出口上升,

表 4-3 2015 年亚洲主要国家间贸易流向 （单位:十亿美元）

贸易额	中 国	印度尼西亚	印 度	日 本	韩 国	马来西亚	菲律宾	泰 国
中 国	—	34.38	58.26	135.9	101.47	44.19	26.69	38.31
印度尼西亚	15.05	—	11.73	18.02	7.66	7.63	3.92	5.51
印 度	9.58	2.87	—	4.53	3.61	4.89	1.3	3.11
日 本	109.28	11.54	8.11	—	44.02	12.00	9.49	27.98
韩 国	137.14	7.88	12.03	25.6	—	7.74	8.33	6.36
马来西亚	26.06	7.47	8.13	18.95	6.48	—	3.38	11.4
菲律宾	6.39	0.63	0.37	12.38	2.51	1.2	—	2.26
泰 国	23.31	7.71	5.21	19.76	4.04	10.02	5.9	—

• 数据来源:世界银行 WITS 数据库。
注释:横向数据表示一国出口至其他国家的金额,纵向数据为一国从其他国家进口的金额。

这有利于亚洲经济一体化的深入。再以泰国为例,泰国对中国的进口略有下降,但对其他国家的进口略有上升,这也从某种程度上显示了近年来亚洲贸易一体化程度的日益深入。

二、贸易便利化程度不断加强

亚洲区域一体化最为深入的是贸易领域,前文主要分析了总体的贸易一体化水平和深入程度,而贸易便利化程度则衡量的是各国促进贸易一体化的意愿。政策协调在国际经济中占有重要地位,积极主动的政策协调有利于亚洲区域经济一体化的稳定、深入发展。

衡量贸易便利化使用最为广泛的指标是相关国家或地区间签订贸易协定的数量,除去"意大利面条碗"效应,一般认为贸易协定数量越多,相关国家或地区间的贸易便利化程度越高。如图 4-1 所示,亚洲国家一直积极地参与国际贸易谈判,并达成了数量可观的自贸区协定,尤其从 2002 年以来,无论是已达成且有效的自贸区协定,还是谈判中的自贸区协定,数量都出现明显增长,这其中很大一部分来自中国的贡献。2001 年加入世界贸易组织后,中国积极地融入全球化,并成为自贸协定谈判的重要参与者。

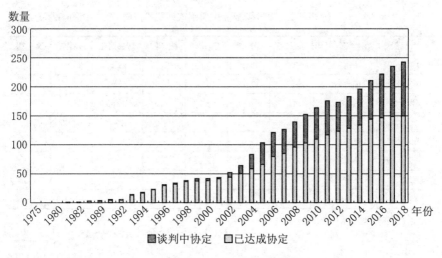

图 4-1 亚洲国家的 FTA 签订及谈判情况

• 数据来源:亚洲开发银行。
注释:已达成协定不包括已失去效力的协定;2018 年数据截至 2018 年 4 月。

　　当然,仅靠上述亚洲国家的 FTA 签订及谈判情况的数据,只能说明亚洲国家积极参与自贸区谈判,但并不能说明亚洲区域内部的自贸区数量是否增加,以及贸易便利化程度是否得到改善。亚洲区域内部的自贸区数量情况如图 4-2 所示。该图显示了亚洲国家同亚洲区域内的伙伴签订的自贸区数量走势。虽然在 2003 年之后亚洲同区外国家签订的自贸区数量超过了亚洲区域内部的自贸区数量,但自 2007 年至 2017 年间,亚洲区内自贸区签订数量持续快速增长。这表明,近 11 年来亚洲区域内部的贸易便利化程度不断提高。需要注意的是,2011 年以来,亚洲国家同区外国家签订的 FTA 数量与同区内签订 FTA 数量之间的差距逐渐拉大,这说明亚洲国家非常注重签订对外自贸协定,重视拓展亚洲以外的市场。重要的影响因素包括 TPP 范围的扩大尤其是 2010 年后马来西亚、越南、日本的加入,促进了亚洲国家的对外贸易谈判。另一个因素可能来自中国 2013 年启动的"一带一路"倡议,其涉及的国家也并非局限于亚洲国家,因此也推动了亚洲国家的对外经济贸易合作。

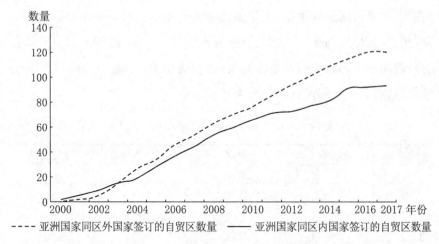

- - - - 亚洲国家同区外国家签订的自贸区数量 ——— 亚洲国家同区内国家签订的自贸区数量

图 4-2 亚洲区域内外签订的 FTA 数量

· 资料来源:亚洲开发银行(2017),P20。
注:均包括双边和多边自贸区协定。

三、投资一体化程度显著提高

亚洲已经成为全球最重要的投资目的地,同时也逐渐成为重要的对外投资者。近二十年来亚洲的飞速发展,主要原因就在于强劲的对外贸易和跨境投资。所以 FDI 一体化也是亚洲区域经济一体化的一个重要方面。

1. 吸引外资的区域更加分散化

亚洲国家,尤其是亚洲发展中国家大多长期奉行吸引外资的政策,这同亚洲国家拥有丰富的劳动力和土地资源有关。在引进外资方面,亚洲吸引外资的全球占比不断上升,从 2000 年不到 20％的水平,上升到 2016 年 30％的水平。

表 4-4 显示了亚洲在吸引外资方面的全球地位。在 2016 年全球前十位的投资目的地中,亚洲有四个经济体,分别是中国内地、中国香港地区、新加坡和澳大利亚。在亚洲的前十位投资目的地中,位列第五的印度前景广阔,其 2016 年引资水平与全球前十中排名第十位的开曼群

岛接近。来自南亚的越南、马来西亚和来自中亚的哈萨克斯坦都呈现了较好的发展势头与前景。尽管目前亚洲的投资目的地还相对集中,但随着南亚和中亚国家引资数量的增长,亚洲吸引投资的区位分布会更加分散化,这有利于亚洲区域的投资一体化。

表 4-4　2016 年国际直接投资目的地吸引外资额　（单位：十亿美元）

全球前十	2016 年	2015 年	2010 年	亚洲前十	2016 年	2015 年	2010 年
美　国	391.1	348.4	198	中国内地	133.7	174.4	114.7
英　国	253.8	33.0	58.2	中国香港地区	108.1	135.6	70.5
中国内地	133.7	135.6	114.7	新加坡	61.6	70.6	55.1
中国香港地区	133.7	135.6	114.7	澳大利亚	48.2	19.5	36.4
荷　兰	92.0	68.8	−7.2	印　度	44.5	44.1	27.4
新加坡	61.6	70.6	55.1	越　南	12.6	11.8	8.0
英属维尔京群岛	59.1	28.9	50.5	日　本	11.4	2.3	1.3
巴　西	58.7	64.3	83.7	韩　国	10.8	4.1	9.5
澳大利亚	48.2	19.5	36.4	马来西亚	9.9	11.1	9.1
开曼群岛	45.0	63.4	9.4	哈萨克斯坦	9.1	4.0	11.6

• 资料来源：亚洲开发银行(2017)，P27。

2. 区域内投资比例上升

考察区域投资一体化的主要指标是区内投资份额,或区内投资依存度,即区内国家对亚洲地区内部的投资(引进外资和对外投资之和)与一国总的投资(包括直接投资流入与流出之和)之间的比值。显然,该指标数值越高,说明一国对亚洲的投资依赖越高,那么该国参与亚洲投资一体化的程度越深。如果区内国家对亚洲的投资依存度都较高,那么可以判断,亚洲区域的投资一体化程度较高。

表 4-5 显示了 2016 年亚洲主要国家间相互投资的依存度情况,这里的相互投资包括投资流入和流出两个方向。具体计算方式是,A 国对 B 国的投资依存度＝两国之间相互投资总额/A 国对外投资流出流入总和。如韩国对中国 2016 年的投资依赖度为 20.65％,表示韩国与中国之间的相互投资总额与韩国当年投资流出流入总和之比。所以 A 国对

表4-5　2016年亚洲主要经济体间相互投资依存度指数

（单位:%）

依存度	中国内地	日本	韩国	中国香港地区	印度	澳大利亚	印度尼西亚	新加坡	东盟	亚洲	欧盟	美国
中国内地	0	1.07	1.83	60.75	0.04	1.38	0.47	2.86	5.22	**71.12**	5.83	6.01
日本	4.16	0	0.8	1.62	1.8	2.47	1.44	-7.78	-1.17	**9.66**	42.9	28.34
韩国	20.65	-5.03	0	16.78	5.83	-1.25	0.79	11.28	22.96	**71.09**	1.58	11.41
中国香港地区	35.77	1.82	2.32	0	0.48	-0.32	0.18	-0.79	5.88	**46.86**	1.9	3.51
印度	32.65	18.55	2.29	2.06	0	-4.84	0.11	-2.29	1.18	**35.8**	26.35	6.52
澳大利亚	5.99	-26.13	0.92	0.11	-0.13	0	0.23	-4.93	-5.26	**-17.4**	12.69	56.25
印度尼西亚	7.87	15.39	3.03	6.38	0.16	0.50	0	26.88	28.47	**62.56**	0.6	3.39
新加坡	7.54	3.79	3.39	0.26	4.41	-2.26	0.66	0	4.39	**25.06**	25.2	29.85
亚洲	16.63	4.20	2.07	13.87	2.25	2.49	2.32	3.82	11.66	**50.72**	13.88	9.3

资料来源:博鳌亚洲论坛(2018)，P44。

注释:表中的负值当年示当年两年经济体间存在撤资现象。

B国的投资依存度往往并不等于B国对A国的投资依存度,如2016年中国对韩国的投资依存度为1.83%。

通过观察表中的数据可以发现,除澳大利亚外,其余亚洲国家2016年对亚洲的投资依存度都比较高,尤其中国内地的数值高达71.12%,居亚洲国家之首,韩国和印度尼西亚分列第二位和第三位。亚洲整体对自身的外资依存度为50.72%,相比之下,亚洲对欧盟的外资依存度仅为13.88%,对美国的依存度更低,仅为9.3%。进一步与欧盟和美国相比,显著依赖于亚洲内部投资的经济体有中国内地、韩国、中国香港地区、印度、印度尼西亚。日本和澳大利亚同欧盟和美国的依存度均显著高于同亚洲的依存度,新加坡对欧盟和美国的外资依存度则分别与亚洲的依存度相当。澳大利亚对亚洲的外资依存度为负值[①],进一步增加了其对欧美的依存度,从表中可以看出,澳大利亚的撤资主要分布在日本、新加坡和东盟国家。

具体来看,中国内地对中国香港地区的投资依存度较高,达到60.75%。有趣的是,中国对欧盟自2014年起进行大量投资,并在2016年达到高峰,甚至一度引起欧盟的反对,然而其2016年对欧盟的外资依存度也仅为5.83%,与其对亚洲的投资依存度大相径庭。日本对亚洲内部的投资依存度较低,但其对欧盟高达42.9%的投资依存度也显然高于其对盟友美国28.34%的投资依存度,这与我们的尝试相左。日本同欧盟之间的经贸关系远比我们想象的还要密切,尤其在2017年双方签订自由贸易协定后,日欧之间的经贸关系会进一步发展。韩国虽然也是美国的盟友,但其对亚洲的投资依存度远远高于对美国的投资依存度。此外,印度对中国的外资依存度高达32.65%,而印度尼西亚对新加坡和日本的外资依存度较高。

考察投资依存度的时间序列变化情况,可以更好地了解亚洲区域内

---

① 因为2015年澳大利亚对亚洲的投资出现了大规模撤资,使得对亚洲投资金额为-284.5亿美元,远大于澳大利亚吸引亚洲投资的158.1亿美元。(数据来源:博鳌亚洲论坛)

部的投资一体化动态。也就是说，如果区内国家对于亚洲地区内部投资的依存度逐年上升，那么可以判断亚洲地区的投资一体化程度有所提升。表 4-6 显示了亚洲主要经济体对亚洲内部投资依存度的变化情况，这里主要是指引进外资的情况，并未包含对外直接投资。不过，鉴于亚洲地区普遍长期采取的引进外资政策，加上对外直接投资也是近年来逐渐出现的趋势（之前基本都集中于日本、澳大利亚和新加坡三个发达国家），所以如下经济体对来自亚洲投资的依存度情况，基本可以体现 FDI 一体化情况。

表 4-6　亚洲主要经济体对亚洲内部投资的依存度指数(2008—2016 年)

(单位：%)

经济体	2008	2012	2013	2014	2015	2016
中国内地	61.50	77.60	80.51	82.75	82.80	78.44
日　本	14.91	—	53.95	65.65	—	23.57
韩　国	34.90	53.96	51.60	35.70	—	51.72
中国香港地区	43.56	47.31	14.86	42.58	18.20	34.49
印　度	18.11	21.55	27.74	33.84	44.14	44.66
澳大利亚	22.77	31.65	30.64	20.30	20.30	25.28
印度尼西亚	61.31	88.58	—	76.88	51.41	72.87
新加坡	21.12	25.36	24.47	38.50	85.80	8.87
东　盟	—	51.33	49.41	44.61	55.76	72.22
RCEP	—	56.62	56.32	54.04	61.08	58.70

• 资料来源：博鳌亚洲论坛(2018)，P46，个别数据不可得用"—"表示。
注释：表中的亚洲内部投资是指一经济体引进外资中来自亚洲区域内的部分。

　　根据表中的数据，自 2008 年至 2016 年期间，除了中国香港地区和新加坡对亚洲内部投资的依存度有所下降外，其他经济体对亚洲投资的依存度都有所上升，其中印度上升幅度最大，从 2008 年 18.11% 的水平上升至 2016 年 44.66% 的水平，其次是东盟、印度尼西亚和中国内地，对亚洲投资的依赖度都有显著上升。发达国家和地区（如中国香港地区、日本、新加坡）对来自亚洲的投资依赖度较低甚至有下降趋势是符合预期的，这些地区因具有丰富的资本禀赋而往往成为投资净输出国，即使引进外资也基本来自欧美等发达市场。况且这些地区的特点是面积小,土地资源有限,所以绿地投资成本相对较高,亚洲其他发展中国家对其投资的可能性相对较小;而并购一般来自相同行业,这些国家和地区较为发达的是服务业,其并购资金也往往来自服务业发达的欧美市场。剔除这些地区来看,则亚洲其他主要国家对亚洲的投资依存度水平都较高,而且存在逐渐上升的趋势,所以可以判断,亚洲地区的投资一体化趋势有所上升。

当然,亚洲区域对外投资近年也出现显著增长,从 2000 年占全球份额 10%的低位上升到 2016 年 30%的水平,其中中国贡献了 1/3。然而,随着欧盟和美国近年来对外资审查机制的强化,加上欧盟和美国经济复苏向好,这种亚洲对欧美投资上升的趋势可能会有所减缓。中国对外投资的过快上升也使得外汇市场一度动荡,金融市场风险上升,在中国近年来强调的金融风险强管控背景下,其对外投资的势头也有所下降。

四、金融一体化有所上升但速度缓慢

在欧盟顺利推进货币一体化并于 1999 年正式推出欧元后,学界就开始关注亚洲的金融一体化进程,并提出亚洲货币一体化的目标是建立亚元。① 实际上,当时的亚洲各国也的确存在推进货币一体化的意愿,尤其是当时最为积极的日本。亚洲开发银行的学者对亚洲货币一体化进行了大量研究。在 1997 年东南亚金融危机后,亚洲国家之间进一步推进了亚洲货币合作,积极推进国家间货币互换并建立了相当于国际货币基金组织的东亚外汇储备库。但是储备库的规模对于亚洲国家的经济体量来说都微不足道,而且美国对于东亚外汇储备库的建立也颇有微词。所以,以东亚外汇储备库建立为标志的亚洲货币合作未能继续深入

---

① [加]蒙代尔.汇率与最优货币区:蒙代尔经济学文集 5[M].向松祚,译.北京:中国金融出版社,2003.

发展。另外,中国等国家对于日本主导的亚洲货币一体化并不积极,加上后来国际金融危机的爆发,使得亚洲货币一体化乃至亚洲货币合作的步伐都彻底停滞。中国转而于 2009 年开始全力推动人民币国际化战略,日本对于亚洲货币一体化的热衷也在欧债危机爆发后几乎冷却殆尽。

不过,货币一体化是金融一体化的高级形式,所以即使货币一体化和区域货币合作处于停滞,也不影响金融一体化继续深入发展,包括区内跨境金融交易比例、股市联动性等指标在内的金融体系都会随着亚洲贸易与投资一体化的深入而不断发展。

1. 区内跨境金融交易比例上升

区域金融一体化的重要内涵就是趋于频繁的跨境金融交易,当资金往来受到国界限制逐渐减少甚至无限制时,该区域将最终成为一体化的金融市场。区域内部的跨境金融交易额或增长率,可以用来衡量该地区的金融一体化状况。跨境金融交易的衡量有两个不同的角度,即跨境资产持有和跨境负债,如果仅考察区内金融交易,其数额相等。总体来看,2010—2015 年间,亚洲国家的跨境资产持有增长明显,总金额从 2010 年的 11.5 万亿美元增长至 2015 年的 14.6 万亿美元,年均增长率为 4.9%。其中,亚洲区内的跨境交易额增长率则高达 8.8%。

如表 4-7 所示,亚洲地区跨境资产分布在债券类、股权类、银行类和外商直接投资类四个大类中,这里的债券类资产主要指跨境债务组合投资,股权类资产指跨境权益组合投资。2010 年至 2015 年间,跨境资产持有显著增加的有股权类资产和 FDI,而债券类和银行类资产持有则有所下降。但亚洲区域内部的情况则有所不同,在总的债券组合投资比例下降的背景下,亚洲内部跨境的跨境债券组合投资比例显著增加;而股权类组合投资则正好相反,在总体股权组合投资比例上升的情况下,亚洲内部交易的占比下降,说明区域内股权组合投资有所下降;同理,区内银行类跨境持有显著增加,区内 FDI 也有所增加。除去实体经济伴随产生的 FDI 交易外,其余三类都是纯粹的金融交易。也就是说,在三类纯粹的跨境金融交易中,两类资产的跨境交易显著增加,一类资产有所下降,总体区内金融交易比例有所上升。

表 4-7　亚洲地区跨境资产持有情况

跨境资产	2015 年		2010 年	
	金额(万亿美元)	占比(%)	金额(万亿美元)	占比(%)
债　券	3.6	24.9	3.6	31.4
区　内	—	16.7	—	11.9
股　权	3.2	22	2	17.4
区　内	—	20	—	24.2
银　行	4.4	28.2	3.4	29.4
区　内	—	22.1	—	16.3
FDI	3.6	24.9	2.5	21.8
区　内	—	39.4	—	35.3
总金额	14.6		11.5	

• 数据来源:亚洲开发银行。
注释:表格中的区内占比是指某类跨境资产中区域内部的跨境资产占该类资产的比例,如 2015 年区内债券占比为 16.7 是指区内债券跨境持有量占区内外债券跨境持有量的比例。

表 4-8　亚洲债券组合投资的目的地

国家/地区	2016 年		2011 年	
	金额(10 亿美元)	占比(%)	金额(10 亿美元)	占比(%)
澳大利亚	171	4.3	188	5.1
中　国	148	3.7	89	2.4
日　本	68	1.7	3	1.0
亚洲其他地区	226	5.7	189	5.1
区内总计	613	15.3	503	13.6
美　国	1 621	40.6	1 144	31
欧　盟	1 034	25.9	1 089	29.5
开曼群岛	205	5.1	476	12.9
其他非亚洲地区	521	13	477	12.9
区外总计	3 381	84.7	3 185	86.4

• 数据来源:亚洲开发银行。

具体来看,亚洲国家和地区对区内的债券投资总体有所上升,金额从 2011 年的 5 030 亿美元上升至 2016 年的 6 130 亿美元,亚洲对区内投资占其总的对外投资的比例也从 2011 年的 13.6％上升至 2016 年的 15.3％。其中,澳大利亚、中国和日本为亚洲国家投资的三大目的地,当然其规模还是远远低于亚洲对美国和欧盟的投资,美国和欧盟仍然是亚洲对外债券组合投资最有吸引力的目的地,尤其美国的占比还进一步上升,欧盟则有所下降。需要注意的是,2016 年美国经济快速复苏,货币政策自 2015 年首次加息以来逐渐正常化,这就意味着其债券收益率显著上升,那么美国吸引亚洲的投资也就在情理之中,尤其在亚洲国家经历了 2015、2016 年的经济困境之后。

2. 亚洲金融一体化存在明显障碍

国际金融危机的爆发使大多数国家重新审视金融体系的稳定性,并在金融危机后相继加强了对金融体系的监管,美国和欧盟都相继开启了宏观审慎监管,强调微观审慎监管的不足并加强宏观层面的监管,而且这种监管趋势并没有因为金融危机或主权债务危机的结束而结束,相反,宏观审慎监管已经升级为宏观审慎框架,甚至是宏观审慎政策。

在这一大背景下,亚洲国家也相继加强金融监管。金融开放度最高的日本在 2016 年对其资本账户采取了更加严格的监管手段,如 2016 年发布新版的资金流量账户,扩大了资产类账户的监管范围,以及制定了限制资本外流的规定。韩国也同样具有金融监管加强的趋势,尤其在资本账户管制方面,特别针对短期金融投资和衍生品投资进行限制。韩国自 2016 年起对衍生品征收利得税,对银行资本家的要求也有所提高。中国也在 2015 年"8·11"事件后对资本账户加强了管制,从 2017 年开始对对外直接投资进行引导甚至限制。亚洲国家近年来加强资本管制,除了上述提高金融监管要求的原因外,还有两个重要因素,即美联储的加息政策和东北亚局势的动荡。

金融监管强化甚至加强资本管制显然不利于亚洲金融一体化。博鳌亚洲论坛指出,2002 年至 2007 年,全球金融危机爆发之前,国内储蓄与国内投资之间的相关性为 0.355,这意味着亚洲主要经济体的国内投资中约有 36% 来自国内储蓄。但在 2008 年至 2017 年的金融危机之后,这一比例上升到了 51%。国内融资比率的增加表明,亚洲经济体金融体系的开放程度降低,更多地依赖国内资金来源。

第二个障碍在于亚洲金融市场波动较大,不利于金融市场一体化。在经历了 1997 年的东南亚金融危机后,亚洲地区的金融市场一直存在市场波动较大的特点,主要原因在于亚洲内部的政治风险、经济风险及欧美市场的冲击等方面。亚洲内部多个国家之间存在领土争端,再加上近年来纷扰不断的海洋权益问题及 2017 年一触即发的半岛核危机等等,使得亚洲金融市场异常敏感,这显然不利于亚洲的金融市场一体化。同时亚洲地区同欧美之间密切的贸易投资联系,也使得其对全球金融危机及欧洲主权债务危机较为敏感,欧美的金融动荡很容易影响到亚洲金融市场,再加上危机后欧美启动的量化宽松货币政策及美国近年的加息和缩表,对于亚洲金融市场都具有重大影响。在众多因素的影响下,2016 年亚洲甚至出现了资本外逃的趋势,亚洲 10 个最大经济体的资本流出总额为 6 890 亿美元,而资本流入仅为 5 700 亿美元,造成了 1 190 亿美元的赤字。中国传统上被认为是外国证券投资的吸引国,但 2016 年的情况有所不同。在这一年里,约有 788.3 亿美元的证券投资流出中国,而流入的资金为 679.6 亿美元①。

第二节　亚洲经济一体化水平的国际比较

从概念上来看,区域经济一体化是指同一地区的两个以上国家逐步让渡部分甚至全部经济主权,采取共同的经济政策并形成排他性的经济集团的过程。其组织形式按一体化程度由低到高排列,包括优惠贸易安排、自由贸易区、关税同盟、共同市场、经济联盟和完全的经济一体化②。

---

① 数据来源:博鳌亚洲论坛《亚洲经济一体化进程 2018 年度报告》。
② 陆雄文.管理学大辞典[M].上海:上海辞书出版社,2013.

在全球经济中,区域经济一体化的典范莫过于以欧盟为载体的欧洲经济一体化和以北美自贸区为载体的北美区域经济一体化。虽然在拉美、非洲等区域也存在区域经济一体化的组织形式,但其一体化水平还远远不及前两者。因此,要客观地评价亚洲区域经济一体化进展到了什么水平,就需要将其同欧盟和北美自贸区的一体化程度进行横向对比。

一、与欧盟相比,亚洲尚处于经济一体化的起步阶段且速度缓慢

欧盟是公认的区域经济一体化程度最高的区域。1951年的煤钢联营标志着欧洲一体化进程的开始,1957年签订的《罗马条约》成立了欧洲经济共同体和欧洲原子能共同体,随后与煤钢共同体于1965年合并为欧洲共同体,即我们熟知的欧盟的前身。实际上,欧盟的经济一体化并非始于签订自贸协定,不过在1957年成立的欧洲经济共同体确实致力于取消成员国间的关税,并以形成统一大市场为目标。

当然,在签订条约后,各国的协调和政策的落实也经过了10多年的时间。欧共体于1968年7月1日完成了《罗马条约》赋予的取消成员国之间的贸易限制和关税,以及统一各国对外关税税率的任务,比原计划提前一年半建成了关税同盟。因此,也有观点认为,欧洲的经济一体化是以关税同盟为起点,关税同盟是欧洲联盟得以存在和发展的基础。但是,欧盟成员国之间虽然取消了所有关税并建立了统一的共同海关税则,但在较长时间内成员国之间的海关手续和许多无形的壁垒仍阻碍着商品的自由流通。直到1992年欧盟正式成立后,并于1994年1月1日颁布新的《海关法》,才最终简化了海关程序并统一了海关规则。

同时,欧盟成立后,统一大市场也于1993年初宣布建成。统一大市场是一种经济学上"无国界"的区域,区域内真正实行人员、商品、资本、服务的自由流通。欧盟的统一大市场始建于1985年,以《申根协定》的

签订为标志,因为人员流动是要素跨国界流动中最难的一环。目前签订加入《申根协定》的国家总共有 26 个之多,而最初签订时只有 5 个国家。英国虽然没有加入《申根协定》,但英国与欧盟之间的人员流动已经十分便利,甚至有大量的双方公民长期居住在对方境内。

1992 年签订的《马斯特里赫特条约》使得欧洲一体化的进程进一步深入,并于 1999 年成功建立经济与货币联盟,虽然当时加入欧元区的成员国只有 11 个,但目前已有多达 19 个成员国。货币一体化是区域经济一体化的高级阶段,使成员国让渡货币主权是非常艰难的(当然也是非常危险的)选择。从欧洲一体化进程的进度来看,自 1951 年一体化开始,到 1999 年欧洲经济与货币联盟成立,其间经过了 48 年,这也是迄今为止区域经济一体化最快的速度和最深入的程度。且不论后期的欧债危机与英国退欧事件,单就一体化的探索和实践来说,欧洲始终处于区域一体化制度创新的前沿。

亚洲范围内也进行了大量的次区域经贸协定的探索与建设。成立于 1967 年的东盟是亚洲地区最早着手一体化进程的次区域组织。早在 1992 年,东盟就提出建立自由贸易区,力争通过推进贸易自由化提高合作水平和加强经济一体化建设,增强东盟的整体实力。从 2000 年开始,东盟以与中国的"10+1"自贸区谈判为开端,先后分别构建了与日本、韩国、澳大利亚、新西兰及印度的自贸区。2004 年,由中国牵头,东亚("10+3")开展关于东亚自贸区(EAFTA,"10+3")的可行性研究。2006 年,由日本牵头,开展关于东亚紧密经济伙伴关系(CEPEA,"10+6")的可行性研究。在美国开启 TPP 谈判的情况下,2011 年,由东盟牵头实质性推动了地区全面经济伙伴关系(RCEP)的谈判[1]。

1. 中日韩自贸区谈判几经周折

中日韩三国间的经贸合作被认为是推动东亚乃至亚洲地区经济一

—————————————

[1] 张蕴岭.亚太经济一体化的进程与前景[J].国际经济合作,2017,7.

体化进程的重要路径。三国分别是世界第二、第三、第十一大经济体，国内生产总值和对外贸易总额合计均占世界 20%，已经超过欧盟，仅次于北美自贸区，但经济一体化建设却落后于欧盟和北美①。中日韩自贸区的设想首次被提出是在 2002 年的中日韩三国领导人峰会上，2012 年 11 月，中日韩宣布正式启动三国自贸区谈判。但 2012 年 9 月发生的日本钓鱼岛购岛事件导致中日关系迅速恶化，虽然自贸区谈判仍继续进行，但三方政治互信严重受挫，相关谈判意愿大幅下降，这为中日韩自贸区的前景蒙上阴影。

2013 年 3 月，中日韩自贸区第一轮谈判在韩国首尔举行，随后，中日韩自贸区谈判以每年三轮的频率在进行。但 2016 年萨德事件使得中韩关系冷却，至此，中韩、中日间的关系都陷入困境，中日韩谈判遭遇严重挑战，当年只进行了一次三方谈判。2017 年，随着中韩关系的回暖，中日韩谈判恢复至两次，但中日关系的不确定性使得自贸区谈判难以取得实质性成果。

直到 2018 年，随着中日关系的逐步回暖，中日韩自贸区谈判的状态才有所改善。5 月，第七次中日韩领导人会议在东京召开，发表联合宣言，重申将进一步加速中日韩自贸区谈判，力争达成全面、高水平、互惠且具有自身价值的自贸协定。10 月 26 日，日本首相访问北京，标志着中日关系正式回暖。12 月 7 日，中日韩自贸区第十四轮谈判在北京举行，虽然此轮谈判并未达成框架性协议，但代表着几经周折的自贸区谈判重回轨道。下一轮谈判将在日本举行，三方将从下一轮谈判起恢复工作组会议，就货物贸易、服务贸易、投资等议题展开实质性磋商。

中日韩自贸区谈判几经周折，谈判中的焦点议题也有所变化：谈判开始之初，日韩关注农产品领域，而中国关注开放汽车市场对本国产业的冲击，但目前情况已经发生变化，日本签署的 CPTPP 已经在农产品开

---

① 赵觉理.三国经济角色互换,世界贸易环境有变——中日韩 FTA 重回快车道[N].环球时报,2018-12-10.

放上形成较高的开放度,韩国与美国签订的自贸区协定中同样对农产品开放做出较大让步,而中国目前的汽车产业竞争力也不可小觑。因此,在新的阶段,中日韩自贸区谈判的难点已经不再是传统的货物贸易领域,而是服务贸易和投资自由化领域,这也正是当前国际高标准规则的重要内容。

不过,中日韩自贸区谈判的重要因素在于政治意愿。只要三方存在共同意愿,达成谈判不过是时间问题,毕竟,三个国家在自由贸易谈判方面经验丰富。截至 2018 年 12 月,中国已经签署了 14 个贸易协定,日本则主导了 CPTPP 的签署,韩国则已经与 40 多个国家签署或谈判研究自贸协定,并签署了韩美自贸协定。况且,三国中的中韩已经达成了自贸协定。当前,美国的贸易保护主义无疑会进一步推进三方的合作意愿。

2. RCEP 谈判进度缓慢

RCEP 由东盟十国(ASEAN)发起,邀请中国、日本、韩国、澳大利亚、新西兰、印度共同参加(有时简称为"10＋6")。该谈判旨在通过削减关税及非关税壁垒,建立 16 国统一市场的自由贸易协定。

2012 年 8 月底,东盟十国与中国、日本、韩国、印度、澳大利亚和新西兰分别签署了 5 份自由协定,其中澳大利亚和新西兰是共同与东盟签署一份自贸协定。这不仅确立了东盟在东亚经济合作中的中心地位,也为 RCEP 的建立打下了基础。2012 年 11 月,东盟十国与中国、日本、韩国、澳大利亚、新西兰、印度 16 国领导人共同发布《启动区域全面经济伙伴关系协定谈判的联合声明》,RCEP 谈判正式启动。2013 年 5 月,首轮谈判进行,正式成立货物贸易、服务贸易和投资三个工作组,并就货物、服务和投资等议题展开磋商。截至 2018 年底,RCEP 谈判已经举行了两次领导人会议、14 次部长级会议和 24 轮谈判。

实际上,RCEP 的谈判原定于 2015 年结束并达成协议,但由于涉及国家较多,而且国家间发展水平参差,因此谈判难度很大,进展缓慢。

RCEP 协定更加包容,考虑成员的不同发展水平,包含设立特殊和差别待遇条款在内的适当形式的灵活性,并给予最不发达的东盟国家额外的灵活性。RCEP 谈判的时间表一拖再拖,从 2015 年拖到 2016 年,后来一直拖到 2018 年也没有达成协议。可见,各方对于 RCEP 谈判的意愿不尽相同,尤其是日本和印度的态度。日本由于 TPP 的签订而对 RCEP 的态度较为冷淡,印度则在关税减让等领域态度强硬,使得谈判无法推进。为了促进各方的政治意愿,RCEP 领导人于 2017 年 11 月正式召开首次会议,2018 年 11 月召开了第二次峰会。

目前,谈判正在加速推进,货物、服务、投资等市场准入领域已经进入要价谈判的冲刺阶段,规则领域已经完成了 7 个章节,另外还有 3 个章节也已经基本接近结束。过去一年,RCEP 谈判方达成协议的意愿强劲,谈判取得实质性进展,任务完成度从去年不到 50% 迅速提升到今年的接近 80%[①]。此外,RCEP 与中日韩自贸区谈判正在同步协商,其中 RCEP 的进程会更快一些。

3. 东亚经济共同体前路漫漫

亚洲金融危机爆发后,东亚各国致力于推进地区合作,1997 年开启了东盟与中日韩领导人("10＋3")峰会机制。在 2001 年的峰会上,由东亚 13 国 26 位专家组成的"东亚展望小组"(East Asia Vision Group, EAVG I)提交了题为《迈向东亚共同体:和平、繁荣与进步的地区》的报告,首次提出了东亚经济共同体(East Asia Economic Community,简称 EAEC)的构想,同时,报告强调贸易、投资和金融等经济领域的合作是东亚一体化的重要途径。为了进一步推进东亚经济共同体建设,2005 年 12 月,东亚峰会机制正式设立:东亚峰会定期在东盟成员国举行,由东盟轮值主席国主办。东亚峰会是与东盟峰会同期举行的年会。

此阶段取得的另一个实质性进展是清迈倡议多边化。自 2000 年达

---

① 张斐然.RCEP 谈判迎来"临门一脚"[N].人民日报海外版,2018-11-24.

成清迈协议后,各方努力推动清迈协议的多边化。2007 年,各国财长决定选择自我管理的区域外汇储备库作为清迈倡议多边化的具体形式。2008 年 5 月,各国财长决定区域外汇储备库起始规模为 800 亿美元,其中中日韩与东盟出资比例为 80% 和 20%。2009 年 12 月,各国财长正式签署清迈倡议多边化协议,将储备库规模扩大至 1 200 亿美元。

总体而言,这一阶段在迈向东亚经济共同体的步伐上还是较为缓慢,为了进一步推动东亚经济共同体建设,同时反映对于 2008 年国际金融危机后新形势的适应,2011 年有关各方成立了"第二东亚展望小组"(EAVG II),根据最新形势发展对东亚地区合作进行新的系统性规划。2012 年该小组向"10+3"合作领导人会议提交题为《实现东亚经济共同体》的研究报告,建议将"2020 年实现 EAEC"作为东亚合作新愿景的主要支柱。根据建议,EAEC 将主要由四个要素组成:一是形成单一市场和生产基地,二是保持金融稳定、食品和能源安全,三是实现公平和可持续发展,四是对全球经济作出建设性贡献[1]。

不过,东亚经济共同体建设仍然面临很多分歧。最基本的,关于东亚经济共同体的成员,中国、马来西亚等主张以"10+3"为基础,待时机成熟后再吸收其他亚洲国家;日本、新加坡等则认为应以"10+3+澳大利亚、新西兰、印度"("10+6")为主体,并向美国、俄罗斯等开放。而且,2012 年以来,中日关系因钓鱼岛事件一直僵化,直到 2018 年才出现回暖,加上中韩在 2016 年因萨德事件而一度陷入僵局,2017 年才逐渐恢复。所以,实际上,这一阶段的东亚经济共同体建设处于停滞阶段。随着中日关系的回暖,加上美国特朗普政府采取的贸易保护主义政策,东亚经济共同体进程可能会有所进展。在 2017 年 11 月出席第 20 次"10+3"领导人会议时,李克强指出,构建东亚经济共同体是"10+3"合作的战略目标之一,符合地区国家人民的长远利益和根本利益。

---

① 严深春.路在何方? 贸易保护主义威胁下东亚经济共同体的机遇和挑战[N].澎湃新闻,2018-8-8.

4. 东盟共同体尚在自贸区阶段

亚洲目前深入程度较高的仍是范围较小的东盟共同体。2015 年 12 月 31 日，东盟共同体正式成立，它是亚洲首个次区域共同体，内容包括政治安全共同体、经济共同体和社会文化共同体三个方面。在《东盟经济共同体蓝图》列出的 506 项优先措施中，463 项已经被落实，完成率达到 91.5%，东盟内部平均关税税率几乎降至零①。可以说，东盟共同体实现了区域经济一体化进程中自由贸易区的实践。

不过，为了保护本国的重要和敏感产业，东盟多国所设立的规则、标准等非关税壁垒依然存在。东盟多数成员国的生产和出口结构同质化现象比较严重，彼此间竞争激烈，贸易保护主义在东盟内部仍然盛行。这与欧共体成立之初的情况类似，欧盟也是在 1994 年颁布了新的《海关法》后，才使得非关税壁垒逐步取消。为了达成统一大市场，欧盟当初也花了很长时间统一标准、税种等等。不过，就东盟共同体的现状来看，它也只是处于自由贸易区的阶段，关税同盟还没有形成，更不用说统一大市场了。至于亚洲其他形式的区域经济合作协定，也都还是自贸区形式，其中很多的自贸区协定中关税也仍然存在，只是税率较低罢了。所以，就所处阶段而言，亚洲区域经济一体化尚处于起步阶段，与欧盟的经济一体化不可同日而语。

就速度而言，欧盟从一体化开始到建成经济与货币联盟用了 48 年时间，其中与亚洲经济一体化可比的是，建成关税同盟仅用了 17 年时间，若不算《罗马条约》签订之前的时间则要更短。亚洲仅建成自贸区尚且用了 23 年，若从东盟一体化进程开始计算，则足足花费了将近 50 年的时间，可见亚洲区域经济一体化进程之缓慢。在亚洲范围内最大的自贸区谈判是当前的 RCEP 谈判，至 2018 年 2 月在印度尼西亚举行的第 21 轮谈判为止，RCEP 谈判已经进行了 6 年，距离达成最终协定还存

---

① 张春晓.东盟共同体昨日成立.广州日报,2016-01-01.

在实质性障碍。

二、相对北美而言,亚洲区域贸易一体化程度较高

北美自由贸易区(NAFTA)是由美国、加拿大和墨西哥三个北美国家于 1992 年签署,并于 1994 年正式成立的自由贸易区。按照约定,自由贸易区内的国家货物可以互相流通并减免关税,而贸易区以外的国家则仍然维持原关税及壁垒。有趣的是,东盟提出建立自贸区也是在 1992 年,而正是在这一年,欧盟正式成立。

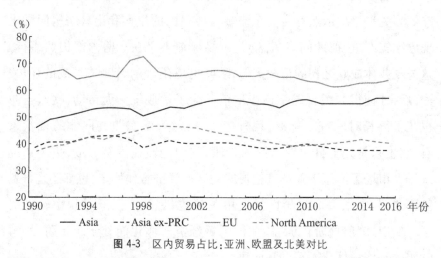

图4-3　区内贸易占比:亚洲、欧盟及北美对比

• 资料来源:亚洲开发银行(2017),P16。
注:EU 为欧盟 28 国,North America 为北美自贸区,包括美国、加拿大和墨西哥三国。从上到下的四个线条分别表示欧盟、亚洲、北美及不包含中国的亚洲四个区域的区内贸易占比情况。

虽然亚洲范围内并没有建立类似规模的自由贸易区,但亚洲区域内部的贸易一体化程度却并不低于北美地区。此处以区内贸易占比来衡量贸易一体化程度,如图 4-3 所示,在 1990 年至 2016 年期间,欧盟区内贸易占比一直最高,数值在 60%左右,高位甚至曾达到过 70%;仅次于欧盟的是亚洲,其区内贸易占比在逐渐提高,国际金融危机以来基本处于 55%左右;北美自由贸易区的区内贸易占比数值最低,而且自 1998 年达到约 46%的高位后开始逐渐下降,近年数值在 40%左右。所以说,

以区内贸易占比衡量，亚洲的区域贸易一体化程度高于北美自由贸易区。亚洲开发银行还专门分析了不包含中国的亚洲地区区内贸易占比情况，如图中虚线所示，其数值大幅下降，但仍与北美自由贸易区的水平基本持平。可见，亚洲区内贸易一体化水平较高，其中中国对于亚洲区内贸易的贡献非常显著。

亚洲范围内虽然没有签订全面的自由贸易协定，但是以东盟为节点产生了很多次区域的自由贸易协定，以及双边自由贸易协定，这也是亚洲范围内 FTA 签订数量不断增加的原因之一。这些自贸协定对于区内的关税减让、贸易便利化起到了重要的推动作用。大范围的自贸协定有助于减轻意大利"面条碗效应"，同时进一步释放亚洲贸易乃至经济一体化的潜力。

三、亚洲区域经济一体化自身的特点

不同于欧洲和北美的区域经济一体化进程，亚洲存在自身独特的特点。首先，亚洲国家经济同质性较高，基本都是出口导向型国家，这一特点至今没有发生实质性变化。发达国家如日本和韩国，发展中国家如中国及东盟国家，经济都较为依赖出口。而且大多数发展中国家的出口产品具有同质性。这不同于欧盟，似乎只有德国一直注重出口对经济的拉动，其他国家都各自具有不同的产品结构，出口产品不尽相同，实现了较好的出口错位，避免了区域内部竞争。北美地区中美国和加拿大属于发达国家，而墨西哥是发展中国家，其经济结构错位，也避免了区域内部竞争。亚洲国家内部竞争的激烈性也导致了亚洲建立大范围的自贸协定存在困难，这在短期内很难改变。

第二个特点是高度依赖区外大国，如日本对欧美投资的依赖超过了其对亚洲市场的依赖，再如日本和韩国作为美国的盟国，在重大经济政治决策上都要受到美国的影响。另外，美国本身也对亚洲地区较为重视，从奥巴马时期提出的"重返亚洲战略"，到特朗普时期对半岛局势的长袖善舞等,美国不会放任亚洲进行区域经济一体化,而排除美国在亚洲的种种利益。这种大国依赖性也在很大程度上影响了亚洲区域经济一体化的进程。

第三,就是亚洲国家间的历史积怨和领土争端,使得亚洲近年来一直疲于应付各种事态,此起彼伏的争端、冲突不仅使得亚洲的金融市场宽幅震荡,而且使得亚洲区域经济一体化被无限搁置,毕竟安全比经济更为重要。在进行相关经济一体化的谈判中,又存在领导力归属即由谁主导的问题,所以即使亚洲国家都有意愿进行区域经济一体化,但真正操作起来就会遇到各种各样的棘手问题。中国和日本两个大国似乎都不愿意一体化进程完全由对方主导,但正在快速崛起的印度也将在不久的将来加入亚洲大国的行列,届时情况会更为复杂。

第三节 欧盟与北美经济一体化对亚洲的启示

欧盟、北美和亚洲是当今世界最重要的三个经济区域,各自具有不同的经济增长模式和历史渊源,所以三个经济区域无法采取统一的区域经济合作模式,这一点毋庸置疑。但就发达程度而言,欧盟和北美的经济发达程度高于亚洲,二者在区域经济合作领域的实践对亚洲的区域经济一体化具有重要的启示意义。

一、经济一体化有利于亚洲地区的和平稳定与经济增长

欧洲大陆是全世界强国云集的陆地,也是历史上爆发战争最多的大陆,但自第二次世界大战后开启一体化进程以来,欧洲保持了 60 年的繁荣安定,将战后满目疮痍的欧洲大陆建设成为当今富庶发达的欧洲联盟。这也是欧盟在 2012 年获得诺贝尔和平奖的根本原因。除了最初的煤钢联营使得德法之间的争端得以解决之外,1973 年英国和爱尔兰同时加入欧共体也使得持续多年的北爱尔兰冲突最终达成和平协议。可

见,经济一体化使得国界间的冲突逐渐缓解,这正是亚洲国家和地区所需要的,亚洲由于历史原因在多个国家间都存在领土争端,而推进亚洲经济一体化显然能够很好地解决这些历史遗留问题。

虽然自国际金融危机和欧债危机以来,欧盟和北美的经济曾经一蹶不振,但危机前这些地区都取得了快速的经济增长,增长最为明显的就是发展中国家,包括欧盟内部的发展中国家和北美自贸区内部的墨西哥,都取得了经济快速增长。况且,从 2016 年以来,美欧陆续恢复经济增长,尤其 2017 年以来,欧盟甚至取得了 12 个季度以来最快的经济增长速度,年均增速超过 2%。所以,除去危机的影响而言,区域经济一体化显然对欧盟和北美的经济快速增长起到了重要作用。

二、当前的逆全球化趋势可能为亚洲经济一体化提供契机

观察欧盟和北美的区域经济一体化就可以发现,两者的开始都具有重要的契机。欧洲一体化的开始源于战争,两次世界大战使得欧洲失去了全球的领导地位,也失去了殖民地经济和蒸汽机革命带来的黄金时代,取而代之的是美国在经济领域和政治层面上的全面崛起。当然,最直接的契机还是来自冷战,地处欧亚大陆的苏联使得西欧列国纷纷自危,战略抗衡和安全的需要使得欧洲一体化的建议迅速得以采纳和推进。而北美自由贸易区成立于 1992 年,恰恰是欧盟成立的年份,可以说欧共体的成立并不断扩大使得美国最终放弃不搞区域经济一体化的初衷,转而积极推进北美区域经济一体化。

如此看来,当前美国特朗普政府的逆全球化主张,尤其是贸易保护主义,使得出口导向的亚洲国家受到严重影响,亚洲区域的内部贸易将会显得更为重要。亚洲国家基本都是积极的全球化拥护者,在逆全球化思潮的外部压力下,可能更能够有效形成共识,积极推进区域内部的经济一体化,减少对外部市场的依赖。

三、适当的政治推动有助于加速亚洲经济一体化进程

尽管经济一体化是一种国际经济交往下的必然产物,是跨国公司主导的国际分工体系下经济活动的客观趋势,但这必然是一个非常漫长的过程。欧盟的一体化进程之所以那么迅速,是因为政治积极推动的缘故。从一开始的煤钢联营,到后来欧共体的成立,核心六国都进行了积极的沟通协调;再到后来通过《马斯特里赫特条约》确立欧盟的地位及欧元区的最终建立,都不是简单的经济结果,而更多地由欧洲政治精英的理想所推动。因此,欧洲一体化仅用了不到 50 年的时间就取得了货币一体化的成果,屡屡令世界为之瞩目。

当然,政治推动一体化也存在显著的不利影响。欧元区爆发主权债务危机期间,许多经济学家就指出,政治力量过快地推动货币一体化进程是债务危机的根本原因。还有很多学者也指出,欧盟的根本问题也在于难以弥合的成员国经济差距,矛头基本都指向 2004 年的欧盟东扩,一次性纳入了十个东欧社会主义转型国家,使得欧盟内部的不平衡性进一步加剧,显然欧盟东扩的原因是过分的政治推动。欧元区的快速扩大及实际标准的降低均为政治驱动,但代价是希腊危机的爆发差一点使得欧元区分崩离析。

所以,对于亚洲经济一体化而言,要想取得一定进展就离不开一定的政治推动,尤其是在当前美国贸易保护主义大行其道之时,亚洲国家需要一定的政治推动以促进亚洲经济一体化。但在经济一体化的深入过程中,忽视经济规律的政治推动又具有相当的危险性,这一点尤其值得警惕。

四、需要一系列政策以对冲一体化的不利影响

任何事物都具有两面性。当前的逆全球化思潮表明,一体化的确存在其不利方面,虽然在整体上改进了国家层面的收益,但同时可能导致

财富过于集中，甚至出现贫富差距不断拉大的马太效应。这也是近年来发达国家逆全球化思潮涌动的根本原因，如在英国退欧公投中多数民众选择脱欧，是因为欧洲一体化的好处并没有使得大多数英国人受益。所以，在经济一体化的区域成员国之间，以及在各个成员国内部，都需要尽量避免收入差距不断拉大的情形出现。

除了收入差距方面，一体化在产业层面的弊端同样值得引起重视。从北美自由贸易区的实践来看，虽然墨西哥的经济有所增长，但在墨西哥政府的放任下，美国的农业和工业对墨西哥的产业体系造成了严重的冲击。美国农业产品的大举出口使得墨西哥小农阶级基本消失，农业下滑造成就业机会的大量减少，同时也带来了严重的社会问题。在工业领域，墨西哥的民族工业受到美国产品的冲击，许多企业无法维持，同时加工贸易盛行，使得墨西哥被牢牢地锁定在价值链的低端，产业升级和经济发展潜力大受打击。

所以，亚洲经济一体化的不利方面需要引起足够重视，各个参与方需要制定好应对政策，以最大程度地降低不利影响。这样才有利于一体化的长期发展。

五、一体化可以"人员有限流动的统一大市场"为目标

区域经济一体化按其深入程度可分为自由贸易区、关税同盟、统一大市场、货币一体化、财政一体化、政治一体化等多个阶段。目前，欧盟（内部的欧元区）已经进行到货币一体化阶段，而北美自由贸易区则仍停留在自由贸易区阶段，而亚洲内部的东盟共同体处于自由贸易区阶段。更大范围的中日韩自贸区以及 RCEP 都还在谈判中，其目标也都是建立自由贸易区。

在成功建立自由贸易区后，亚洲的区域经济一体化也应该有一个较为清晰的目标，这一目标可能不同于欧盟，也不同于北美自由贸易区，因为亚洲具有自身的经济和历史特点。考虑到亚洲各国发展水平的参

差不齐,其成员国经济趋同性远远不及欧盟的水平,因此如货币一体化等高阶段的一体化未必适合亚洲经济体。事实上,建立要素高效流动的统一大市场可能更加符合亚洲地区的利益,同时也更加具有可行性。不过这个统一大市场目标可能需要对个别要素进行限制,如人员流动,毕竟当前欧盟面临的最大障碍是人员流动带来的安全隐患。英国选择退出欧盟的重要原因也是想要拿回移民控制权。英国退欧可能恰恰说明,经济一体化具有一定的阈值,至少在当前的国家概念下如此。

六、货币一体化风险巨大,但加强区域货币合作势在必行

近年来亚洲的金融一体化进程缓慢,由于金融一体化与贸易、投资一体化相辅相成,落后的金融一体化可能会成为贸易和投资一体化进一步深入发展的障碍。因此,如何推进亚洲的金融一体化将是一项重要课题。

首先,欧元区主权债务危机的爆发和蔓延证明,主权国家之间采取单一货币的货币一体化形式风险巨大,丧失货币主权的成员国在遭受外部冲击时无法通过汇率贬值来快速地完成宏观经济调整,因此造成了欧元区内部乃至欧盟整体长达 6 年的经济低迷。亚洲国家尚且不具备欧元区那样的经济趋同性,所以货币一体化的方式可能并不适合于亚洲经济一体化。

但是,欧元区在推出欧元之前进行了欧洲汇率机制的实践,其间主要成员国间实行固定汇率,对外统一使用浮动汇率,确保了成员国内部汇率的稳定性,大大促进了内部贸易和投资的一体化。当然 1992 年的大投机使得英镑和里拉退出欧洲货币体系,教训惨痛,但当时对英镑的高估同其经济相关。亚洲可以考虑在主要国家间设立区间固定汇率制,或者类似人民币同港币之间的汇率机制,以推进亚洲的货币合作,进而推动金融市场的进一步一体化。

第五章
G20 杭州共识引领亚洲经济一体化新航程

2016 年 9 月 4—5 日,二十国集团(G20)领导人峰会在中国杭州举行。此次峰会的主题是"构建创新(innovative)、活力(invigorated)、联动(interconnected)、包容(inclusive)的世界经济",核心议题包括"创新增长方式""更高效的全球经济金融治理""强劲的国际贸易和投资"和"包容和联动的发展模式"①。与历届峰会将焦点集中在应对全球金融财政危机不同,此次峰会首次将全球贸易与投资合作列为重点议题,为 G20 在全球治理中发挥长效机制增添了新的动能。在此前的 2016 年 7 月中国上海举行的 G20 贸易部长级会议已经取得一系列具有实质性内容的先期成果②,为峰会取得成功奠定了坚实基础。这些丰硕且有实质性内容的成果充分体现了 G20 杭州峰会所强调的发展、可持续和包容性的基本理念,为构建"新型世界经济"注入了"中国智慧"。更重要的是,峰会取得的影响力重要成果也为亚洲经济一体化的发展引领了方向、增添了新动能。

第一节　G20 杭州峰会的主要内涵

中国的"新型世界经济"理念,是在经济全球化的新形势下,针对世界经济发展的不均衡态势以及投资贸易相对乏力等一系列问题而提出

---

① 中国人民大学重阳金融研究院.2016 年中国杭州 G20 主题有何深刻含义? [EB/OL].人民网-国际频道.http://world.people.com.cn/n1/2016/0830/c1002-28675136.html.
② 商务部解读 G20 贸易部长会议中国代表团成果[EB/OL].中新网.http://finance.chinanews.com/cj/2016/07-13/7938148.shtml.

的,具有深刻的内涵和前瞻性的视野。在发展动力上,提出世界经济已进入技术、制度、文化等"全方面"创新驱动的新阶段,需要进一步强化创新在推动世界经济方面的重要作用,进而对"资本驱动"的运行架构实现超越和发展。在制度层面,主张以多主体互动为核心的全球经济金融治理架构,取代由西方主导的,以"自由主义"为核心的世界经济秩序。在运行方式上,提出在重振投资贸易的基础上,促进政策与基础设施等多层面的联动发展,创建"开放型世界经济"。在发展目的方面,建构以惠及最广大民众为目标,形成包容、共享的发展格局,形成有别于传统的"零和"博弈与"排他性"的分配体系。

"新型世界经济"理念的核心,是一种新的发展共识,目的是形成全球经济发展的可持续发展格局,最终达成全球经济结构的"再平衡"与地缘经济空间的"再平衡"。即一方面通过推进创新、联动、治理、开放等理念,形成全球收支、金融、贸易、产业等领域的平衡发展;另一方面,则以新的发展理念,引领被传统经济全球化所"忽视"的边缘(edge)与腹地(hinterland)区域国家和经济行为主体真正融入全球经济体系,拓展世界经济范围和领域。

一、G20 杭州峰会取得的重要成果

从 2014 年的布里斯班峰会到 2015 年的安塔利亚峰会,由于世界经济持续乏力,各经济体的成长始终未恢复到金融危机前的水平,在这种情况下,国际社会对贸易投资在全球经济发展中的重要作用高度关注。在以往的全球多边机制协商中,推动完善高效的多边贸易体制、加强协调贸易和投资增长、扩大发展中国家参与全球价值链等问题都是重要议题,且大多体现在最终的协商共识之中。不过,就成效而言,这些共识或者承诺由于在推进过程中缺乏明确的任务导向、政策支撑和后续的机制保障,距离预期目标有较大差距。而这些问题在本次峰会上都得到了较大程度的回应与解决。

　　相关成果的取得主要得益于本届 G20 杭州峰会之前,在上海举行的贸易部长会议所取得的丰硕成果①。在事先的部长级会议磋商中,各成员方已经就加强贸易投资领域的合作取得历史性成果,发布 G20 历史上首份贸易部长声明。具体的成果包括达成 3 份重要的文件和 2 项共识,即批准《G20 全球贸易增长战略》《G20 全球投资指导原则》《G20 贸易投资工作组工作职责》,以及"加强多边贸易体制"和"促进包容协调的全球价值链"两项共识。

　　此次峰会围绕着"强劲的国际贸易和投资"这一议题所达成的成果,对于推动形成"新型世界经济"而言,其重大意义主要表现在以下三方面:

　　首先,改善了贸易与投资问题在 G20 中的地位与影响,使之成为与金融和货币、财政和债务议题相并列的"三驾马车"。众所周知,G20 峰会的缘起是应对全球金融危机,因此,议题长期以来主要以货币和财政为主,使得广大发展中国家的主要诉求未得到足够的重视。此次峰会有效的将相关议题扩展至贸易投资领域,不仅适应了 G20 的发展需求,而且将峰会的核心功能从狭义的宏观经济政策协调扩展为更广泛意义的国际经济政策协调,从而更有效的发挥了 G20 作为全球治理机制的作用。

　　其次,汲取以往的经验,为加强贸易投资合作建构起具体的路线图与优先关注的领域。相关内容不仅具有很强的逻辑性,而且具备可操作性。具体主要体现在以下四方面:第一,峰会主张的"支持多边贸易体制"共识是基础,包括进一步重申 WTO 在全球多边经济磋商中的核心地位、延长关于维持现状和消除已有贸易保护主义措施的承诺、尽快批准和实施 WTO 的《贸易便利化协定》、加强区域贸易协定透明度和确保其与多边规则保持一致性、优先推动多哈回合剩余议题等,这不仅进一

---

① 李晓喻.G20 贸易部长会议"满载而归"[EB/OL].中新网.http://www.xinhuanet.com/fortune/2016-07/10/c_129132571.htm.

步激活 WTO,而且为后续相关议题的推进创造了有利条件;第二,以"全球贸易增长战略"作为行动指南,相关内容包括有效降低贸易成本、进一步加强贸易投资政策协调、促进服务贸易、增强贸易融资、提升电子商务发展以及加强对贸易与发展问题的关注,从而使贸易投资合作有了更加明确的行动方向与目标;第三,创新了"促进全球投资政策合作与协调"的内容,为此,峰会批准全球投资指导原则,首次制定了为营造开放、透明、有益的全球投资政策环境的九项非约束性原则,使全球投资领域的合作有了更加公共、透明和可遵循的规范;第四,提出了具有特色的"促进包容协调的全球价值链"倡议,更好地为发展中国家尤其是低收入国家,特别是为中小企业参与全球价值链并从中更多获益提供了在基础设施、企业融资、获取技术、加强培训、提供信息和能力建设等方面的支持,并强调继续促进负责任的企业行为,这为发展中经济在新的全球治理体系下的进一步发展提供了有力的支撑。

最后,全面夯实了 G20 开展贸易投资合作的组织与运行机制的基础。长期以来,一直影响投资贸易相关共识与承诺实施的最重要的制约瓶颈,就是缺乏相应的组织和落实机制。杭州峰会将贸易部长会议纳入 G20 专业部长会议系列,使其成为与协调人会议、财政金融会议并行的三大会议机制之一,并首创贸易投资工作组,批准其工作职责与程序,使之成为具体推动议程和成果实施的运行平台。为更好地推进这一机制,G20 工商峰会与智库会议也将为贸易投资议题提供重要的政策咨询与智力支持,从而使这一运行机制的运行具有更强的协同性。

二、中国在杭州峰会上的重要作用

中国作为杭州 G20 峰会的东道国做了大量富有成效的工作,这一方面显示出中国在推动全球治理中的能力,另一方面也充分体现了大国的责任与担当,以及在推动全球治理优化中的努力。峰会所取得的丰硕成果正是中国的努力与积极的沟通协调的结果。作为全球第一货物贸易大国以及重要的利用外资和对外投资国,中国主动承担起维护和发展多边贸易体制、倡导与推进开放经济体制的历史重任,使得峰会首次将贸易投资议题引入 G20 的议程,并引领会议成果向更加积极而正面的方向发展,为全球经济增添了新的活力和动能。

作为全球经济发展的"领头羊",中国致力于推动并践行"新型世界经济"的新理念;作为发展中国家的代表,中国更强调将重视发展理念与实践贯彻在贸易投资议题的全过程之中,在提振全球贸易、扩展全球价值链和协调全球贸易投资合作领域尤其重视发展中国家的诉求,包括更有效地实现全面发展目标、确保更广泛的公共利益和保留政策诉求的空间,并积极主张对低收入国家和地区在基础设施与互联互通、贸易融资、技术合作、能力建设等方面给予支持,从而使可持续和包容发展的理念在贸易投资的实际推进过程中得到更有效的体现,切实落实 WTO 内罗毕部长级会议宣言中关于帮助最不发达国家融入全球贸易有关承诺①和联合国《2030 年可持续发展议程》②。

在杭州峰会前,有关议题的设计和推动达成相关共识的进程中,中国不仅展现出大国的担当和责任,更表现出高超的平衡与协调能力,稳妥有效地处理了发达经济体与发展中经济体、市场取向与发展诉求问题、传统的贸易投资规则与新贸易投资规则以及多边、双边、区域经济合作与一体化发展之间的关系,最大可能地实现了 G20 成员共赢的目标。

第二节　G20 杭州共识的创新价值

与以往历届峰会相比,杭州峰会在诸多方面形成了一系列具有创新

---

① 雷蒙.内罗毕会议翻开 WTO 历史新篇章[J]. WTO 研究导刊,2016,1.
② 2015 年 9 月,世界各国领导人在一次具有历史意义的联合国峰会上通过了《2030 年可持续发展议程》,该议程涵盖 17 个可持续发展目标,于 2016 年 1 月 1 日正式生效。这些新目标适用于所有国家,因此,在接下来的 15 年内,各国将致力于消除一切形式的贫穷、实现平等和应对气候变化,同时确保没有一个人掉队。这一目标是全球可持续发展的重要里程碑,但缺乏相应的政策推动与保障机制。

价值的共识,对于提振全球经济以及带动亚洲经济发展带来积极的影响。这主要体现在以下四方面:

一、通过《全球贸易增长战略》有效促进世界贸易成长

G20 杭州峰会所通过的《全球贸易增长战略》,旨在"促进贸易开放和一体化、支持经济多样化和工业升级"的综合性贸易增长方案,这对于促进全球贸易增长将发挥积极的作用。这一战略的主要内容包括推动降低贸易成本、加强全球贸易投资政策协调、促进服务贸易发展、增强贸易融资力度、制订全球贸易景气指数、以实际政策鼓励电子商务发展、推进贸易与发展七项内容[①]。这是中国为克服全球经济增长乏力、解决发展中经济体迫切希望加快发展的诉求而开出的"药方",也是为实现 2014 年布里斯班峰会上领导人设置的到 2018 年使 G20 整体 GDP 增长 2％的目标提供的强劲助力。峰会经过磋商,就推动尽快全面实施 WTO《贸易便利化协定》[②]达成共识,据测算,协定的全面实施将降低 15％的全球贸易成本。与此同时,G20 还承诺为发展中经济体的贸易增长提供相应的能力建设和技术援助。

在加强全球贸易投资政策协调方面,峰会承诺促进贸易投资及相关公共政策的实施,以构建起开放、可持续和包容的全球价值链,为全球经济增长提供更新的动力。

在促进服务贸易方面,峰会承诺实施支持开放透明和竞争性服务市场的政策,进一步挖掘 G20 服务业市场的潜力,从而有效地降低贸易成本。

---

① 二十国集团全球贸易增长战略[N].人民日报,2016-09-07.

② 2014 年 11 月,世贸组织总理事会通过了《修正〈马拉喀什建立世界贸易组织协定〉议定书》,将 2013 年 12 月世贸组织第 9 届部长级会议通过的《贸易便利化协定》作为附件纳入《马拉喀什建立世界贸易组织协定》,开放供成员接受。《贸易便利化协定》将在 2/3 世贸组织成员(108 个成员)接受《修正〈马拉喀什建立世界贸易组织协定〉议定书》后生效。参见商务部网站:http://sms.mofcom.gov.cn/article/dhtp/201510/20151001138374.shtml.

在促进电子商务发展方面，峰会承诺通过多种方式推动政府与企业之间的对话，欢迎工商界提出的"世界电商平台"（eWTP）倡议，并积极推动相关政策的落实。而中国在这方面愿意发挥更加积极的作用①。

在贸易和发展方面，峰会特别强调要通过推动更多低收入经济体融入全球价值链、采取多种方式减小贸易融资缺口、支持这些经济体健全其国内的农业政策、强化负责任的企业行为等举措，全面有效地落实联合国《2030 年可持续发展议程》，推动全球经济的可持续发展。

为更好地应对世界贸易波动给全球经济发展带来的不确定性，杭州峰会首次提出通过 G20 联合 WTO 发布全球贸易景气指数②，以此作为判断全球贸易增长趋势和周期变化的预警指标，以更科学和可预测的方式为政策制定者和企业进行经济规划、投资决策提供重要参考，提高 G20 的成员方制定贸易政策的科学性和规范性。与此相关，G20 还要求国际经济组织在其现有授权和资源范围内，加强对国际贸易成本的测算，以完善相应的测评机制。从内容上看，《全球贸易增长战略》切合现阶段全球生产与贸易中专业化、数字化的发展趋势，对完善全球价值链、实现贸易便利化、深化服务贸易、扩展电子商务领域与加强数字贸易等全新的议题做出积极的回应，同时特别强调将发展中国家有效地融入这一增长战略并从中获益。当然，这些议题的前景仍然具有很大的开放性，相关战略的路径与方案尚待明确。从未来的发展趋势看，为了更有效地执行《全球贸易增长战略》，可以考虑仿照 APEC 模式③，进一步深化这一战略的实施和承诺的落实。G20《全球贸易增长战略》中的一些工作在未来有可能成长为更加宏大的构想。例如，在数字贸易方面达成一个多边协定，改进数字支付服务的规则，促进以互联网为基础的贸

① 方敏.WTO 总干事赞赏全球电子商务平台倡议[N].人民日报,2016-09-07.
② 世界贸易组织发布新的世界贸易景气指数.商务部网站:http://www.mofcom.gov.cn/article/i/jyjl/j/201607/20160701360280.shtml.
③ 按照 APEC 模式,针对所形成的共识和已有的承诺,各成员据此提出年度单边行动计划,在自主自愿的基础上承诺进行分项贡献,并在适合的条件下整合提出集体的行动计划.

易,推动经济发展、就业与中小企业融入全球市场;在服务贸易方面实现一揽子贸易便利化全球方案,降低贸易成本,并削减国内规制壁垒;整合资源支持全球贸易融资促进项目,帮助发展中国家和中小企业获取相应知识技能以运用贸易融资工具。

二、支持多边贸易体制,为重新"激活"WTO 创造条件

自多哈回合谈判陷入僵局后[1],WTO 这一全球投资贸易领域最重要的多边磋商机制功能明显弱化,给全球贸易发展带来不利影响。针对这一形势,杭州峰会在支持多边贸易体制方面所取得的重要成果是达成一项共识,声明"继续致力于维护以规则为基础的、透明、非歧视、开放和包容的多边贸易体制,决心共同努力进一步加强 WTO"[2]。围绕着这一声明,峰会强调将明确反对贸易保护主义,决定将在匹兹堡峰会[3]上承诺的不采取新的保护主义的措施延长至 2018 年。与此同时,G20 成员方也同意加强区域贸易协定(RTAs)透明度,确保相关承诺与多边规则的一致性,承诺 2016 年年底前 G20 全体成员批准 WTO 的《贸易便利化协定》,同意继续推进多哈回合剩余议题谈判。此外,G20 中参与《环境产品协定》(EGA)谈判的成员还就谈判进程达成共识,决定尽早结束谈判,以更积极地共同应对气候变化。

上述共识反映出 G20 杭州峰会希望从两个方面重新激活 WTO 在全球贸易体制中的核心地位:一是继续推进多哈回合谈判,积极实施与完善已有的多边贸易规则体制,并减轻日益兴起的区域主义对 WTO 现

---

[1] 于 2001 年展开的多哈回合谈判为国际贸易改革订下了颇为进取的改革计划,目标是在全球范围内达成一个统一的贸易协定。但是,由于发达国家和发展中国家在农业政策问题上的谈判陷入僵局,多哈回合在其后历经多次谈判后始终未取得实质性进展,由此导致 WTO 关于贸易议题的协商陷入僵局。

[2] 李警锐,杨牧.聚焦 G20 杭州峰会十大成果:立足新起点汇聚中国"药方"[EB/OL].人民网-国际频道.http://world.people.com.cn/n1/2016/0906/c1002-28695590.html.

[3] 廖勤,宰飞.匹兹堡峰会未能"破题"贸易保护[N].解放日报,2009-09-27.

有规则与机制的挑战[①]。这具体体现在杭州峰会强调推动和实施多哈回合谈判最重要的"早期收获"——《贸易便利化协定》，这是WTO成立以来所达成的第一个多边贸易协定，对降低全球贸易成本、缩减贸易时间、减少货物服务流动不确定性具有重要的经济意义。根据WTO的测算，如果该协议得到全面实施的话，将增加全球每年大约1万亿美元的货物出口[②]。二是主张按照既定的巴厘岛路线图开展以发展为核心的"后内罗毕工作"，最终结束多哈回合，为此，峰会重申了优先推动多哈剩余议题的承诺，包括农业三大支柱（即市场准入、国内支持和出口竞争）、非农市场准入、服务、发展、知识产权和规则，并强调认可特殊与差别待遇将是多哈回合剩余议题中必要的组成部分。

与以前的历次峰会相比，杭州峰会在支持多边贸易体制方面做出了更实际与细致的阐述，改变了"口号式"的表态，使相关议题取得了一定程度的进展。但是，距离使全球贸易协调与磋商的重心重新回归到WTO并确立其权威性仍需要克服一系列的障碍并进行制度变革。针对这一议题，G20有责任开展进一步的工作以推进相关进程，因此，G20有必要讨论设定关于发起诸边谈判和达成诸边协定的多边行为准则与程序。同时，为应对可持续发展、气候变化、创新、粮食安全、数字经济等新挑战，WTO应重新审视已有的贸易条款规则，并适时进行相应修订与增补。更重要的是，G20成员要在引领WTO与RTAs的关系走向良性互动方面做出表率，以确保全球贸易体制的透明和非歧视性，同时也鼓励RTAs在改进多边体制方面发挥积极性和先行示范，等等。

---

① 杭州峰会在处理WTO与RTAs的关系时，形成了系列性的共识，包括：要求G20成员在未来签订RTAs时须秉持"开放的区域主义"，并在协定中包含审议和扩大条款；将WTO关于RTAs的临时透明度机制转变为永久机制；要求G20成员承诺在全面履行相关通报义务上做出表率。关于WTO与RTAs在规则上的相互关系，峰会采取现实主义的立场，一方面强调确保RTAs（在既有领域）与WTO规则条款应保持一致，另一方面主张未来对在WTO内启动关于"新议题"（像TPP、TTIP协定的"边界内措施"或"国内规制一体化"问题）时，只有在WTO成员协商一致的前提下才能正式开启谈判。

② 2015年世界贸易报告. https://www.wto.org/.

三、有效推进全球投资政策合作与协调,为经济成长提供新动能

杭州峰会另一项重要成果是达成了全球首份《全球投资指导原则》,确立了制定开放、透明、平衡的全球投资规则的总体框架,这是为成员国制订投资政策提供原则指导的纲领性多边文件。在全球化背景下,跨国投资已经成为推动世界经济成长的重要动能,但长期以来,在规范和指导跨国投资方面始终缺乏一个全球性的多边投资协定,这也是全球经济治理体系中的严重缺陷。截至目前,全球先后签署了3 300项国际投资协定[①],而多数为双边投资协定,具有明显的碎片化、不均衡和政策冲突的特征。20世纪90年代初,OECD曾发起致力于缔结全球多边投资协定的谈判,但由于存在严重分歧于1998年宣告谈判终止。2001年,WTO在多哈回合谈判中也曾经试图将与投资相关的议题作为新内容纳入谈判计划,但由于部分发展中国家与最不发达国家的强烈反对而在2003年的坎昆会议上被无限期搁置。而杭州峰会所达成的《全球投资指导原则》尽管还是不具备"约束性"的"原则宣示",但为今后达成全球范围的多边投资协定迈出了重要而坚实的一步。从整体架构上看,《全球投资指导原则》为各经济体制定均衡的国内投资政策和签订对外投资协定提供了原则性的指导,从而为构建透明、稳定和可预见的国际投资环境提供了政策保障,同时也为恢复与促进跨境投资增长创造了制度性动能。从内容上看,《全球投资指导原则》有九项内容,包括:反对跨境投资保护主义;营建开放、非歧视、透明和可预见的投资政策环境;加强投资保护和争端解决机制;确保政策制定透明度;与可持续发展和包容性增长的目标相一致;维护合法的公共政策管制;推动投资促进政策和投资便利化;遵循负责任的企业行为;加强合作与对话,解

---

① 李昕.中国理念推动全球投资协定调整[N].人民日报,2016-08-08.

决共同面临的投资政策挑战。

　　杭州峰会所达成这份影响深远的《全球投资指导原则》与发达经济体已推出的投资准则(如美国与欧洲于2012年4月达成的《欧美共同投资原则》,体现了欧洲与美国对全球投资政策的共识,合计七项原则,包括开放与非歧视的投资环境、公平的竞争环境、对投资者和投资的保障等①)相比,在内涵上更侧重从发展角度出发,注重各利益攸关方的平衡性与不同公共政策目标的协调性;强调在向投资者提供投资保护的同时要有效维护东道国在合理的公共利益(如公共健康、环境、劳工、安全等)基础上的外资监管权;主张在实施投资自由化与便利化的同时强调保留足够的政策调整空间,扩展利用外资在实现可持续和包容性发展方面的社会目标,提倡投资者负责任的企业行为以及加强多边协商与对话。就《全球投资指导原则》的立意而言,与2012年UNCTAD制定并公布的"可持续发展的投资政策框架"(IPFSD)有诸多相似之处。IPFSD下的11项核心原则与G20杭州峰会所通过的9项《全球投资指导原则》有许多重合和相似之处。不过,从可落实进展看,《全球投资指导原则》只是向达成具有约束力的多边投资协定或制定全球投资规则走出的第一步,还有许多艰巨和挑战性的工作亟待推进。可以预期,在当前缺乏进行多边投资谈判的强烈政治意愿与广泛商业利益诱因的情况下,推动《全球投资指导原则》取得实质进展和落实相关成效面临诸多的瓶颈与艰巨的挑战。考虑到面临着一系列的障碍,G20在推动《全球投资指导原则》的形成和落实方面具有不可替代的引领作用,为此可以考虑从五方面加以推进:一是借助贸易投资工作组建立稳定有效的推进机制,使G20逐步发展成为国际投资政策的重要协调平台;二是通过实践和政策宣导,促使更多的G20以外的经济体接受《全球投资指导原则》,并以此作为制定本国投资政策和签署国际投资协定的参照;三是推动G20

---

① 姚玲.欧盟在中欧投资协定谈判中的诉求[J].对外经贸实务,2014,10.

所有成员方以《全球投资指导原则》为参照,重新审查已签订的所有国际投资协定,加以废止、替换、修订和完善;四是根据《全球投资指导原则》在 G20 平台上对具体投资议题开展讨论、凝聚共识,进而探讨最终建构起新的、具有约束力的国际多边投资协定的必要性与可行性,并选择适当时机启动正式的谈判。

在这一过程中,G20 可以依托其他对推动签署多边国际投资协议进行过积极探索的国际经济组织(如 UNCTAD 和 OECD 等)的经验和教训,获取决策咨询意见与相应的技术支持,特别是 UNCTAD 在国际投资协定主要条款上所积累的大量基础性研究工作。以上工作需要通过系统性的方式开展,但也可以考虑对一些相对成熟条款以"早期收获"方式加以实施,以探索可行的机制。如建立全球投资的争端解决机制(包括改进现有的投资者-东道国的争端解决机制),处理纠纷和冲突的特别法庭上诉机制,或者成立欧盟委员会提出的独立的全球投资法院。此外,为协助不发达国家和中小企业开展和应对国际投资争端诉讼,也可以考虑成立国际投资法顾问中心。G20 应严肃认真的讨论上述议题,并在条件适可的情况下以独立条款的方式加以实施,以取得相应的经验,形成示范。

从更广泛的视野看,有关多边国际投资的议题也纳入 WTO 的框架内,建构起兼顾贸易与投资问题的庞大的多边国际协商规则体系,这首先需要重新激活 WTO 贸易与投资关系工作组。需要指出的是,这一方式得到 G20 工商界人士的广泛支持,因此,在 G20 贸易部长上海会议的声明中特别提及上述的相关建议。当然,还有一种方式就是最终建立一个完全独立的多边投资协定,并通过建立起永久性的国际投资法庭和上诉机制加以支撑。对相关的方案,G20 需要及早做出选择以使《全球投资指导原则》得以切实的推进和落实。

四、促进包容协调的全球价值链，为发展中经济体增添助力

随着全球的深化与发展，全球价值链①这种国际生产与分工方式已得到包括中国在内的广大发展中经济体的高度重视，因而成为此次峰会中贸易投资议题的核心内容之一。作为发展中国家东道主，中国从包容性发展的视角推动建构"如何推动发展中国家和中小企业更好地融入全球价值链"的"共识"，使得这一议题具有新贸易模式的内涵，丰富和发展了杭州峰会发展主题的内容与外延。

"促进包容协调的全球价值链"有着清晰的发展脉络。从WTO内罗毕部长级会议宣言承诺帮助最不发达国家融入全球贸易起，有效推进和落实这一承诺成为发展中国家关注的重点。而联合国《2030年可持续发展议程》的倡议更使得这一议题得到广泛的响应。在杭州峰会上，中国提出"促进包容协调的全球价值链"不仅对落实上述宣言和倡议做出了重要的贡献，而且这一倡议引领G20成员在与发展中国家尤其是低收入国家中小企业参与全球价值链最相关领域时，开展研究并采取行动，包括有效提供基础设施、技术支持、贷款、供应链连接、农业、创新、电子商务、技能培训的支持和强调负责任的企业行为，此外，还鼓励G20成员继续帮助发展中国家和中小企业提高采用符合自身实际需要的国际国内标准、技术规范以及合格评定程序的能力，使发展中经济体能够更便利地通过互联网获取贸易投资的相关信息，帮助这些经济体更好地融入全球价值链并向高端延伸发展。

现阶段，西方发达经济体基于自身发展需要，提出并建构起基于全球价值链的延伸和以协调已有规制为核心的高标准自由贸易协定及相

---

① "全球价值链"是指为实现商品或服务价值而连接生产、销售、回收处理等过程的全球性跨企业网络组织，涉及从原料采购和运输，半成品和成品的生产和分销，直至最终消费和回收处理的整个过程，包括所有参与者和生产销售等活动的组织及其价值、利润分配。当前散布于全球的处于价值链上的企业进行着从设计、产品开发、生产制造、营销、交货、消费、售后服务、最后循环利用等各种增值活动。这是联合国工业发展组织(United Nations Industrial Development Organization, UNIDO)的定义。

应的新投资贸易规则,这对相对落后的经济体形成一定的冲击和影响。在杭州峰会上,中国倡导并提出的"促进包容协调的全球价值链",旨在使发展中经济体和中小企业能够分享全球化成果,实现全球经济的均衡和普惠发展;基于这一内涵,倡议立足于为发展中国家融入全球价值链及参与国际新投资贸易规则提供更适宜的平台。发展的水平与程度不同决定了不同经济体在全球价值链中的不同地位,也导致不同经济体在全球价值链贸易中的利益诉求和规则偏向的差异:一般而言,发达经济体更关注于通过制定高标准与高质量的新规则进一步统筹全球价值链,以资本高效扩张实现与全球供应链的无缝对接,从而降低生产成本,继续保持国际竞争力;而发展中经济体的诉求则在于通过有效参与和融入全球价值链,实现产业与技术升级,提升产业竞争力,并防范和管控供应链风险。由于发达经济体和跨国公司在全球价值链中的有利地位,因此代表其商业利益的投资贸易新规则将在一定程度上增加新兴市场与发展中经济的提升产业能级的成本,降低其整体经济竞争力。因此,两者在这一议题上的冲突有愈演愈烈之势。如何化解其间的矛盾成为全球经济治理机制完善过程中的重要议题。而中国所倡导的"促进包容协调的全球价值链"正是为此所进行的积极努力,并取得了重要的进展。尽管围绕着这个倡议并将其转化,乃至于加以切实地落实还有诸多领域需要探索、诸多工作有待推进,但毋庸置疑,这是完善基于发展、可持续与共享的全球价值链新规则的必然选择。

完善与发展全球价值链是全球经济成长的重要内容,也必然是 G20 需要长期关注的议题。为落实和推进倡议内容,并使之行之有效,G20 应当成立相应的工作机制,如设立类似"投资贸易工作小组"的"全球价值链工作组",专职负责推进和落实倡议。作为小组的主要工作内容,G20 成员需要评估发展中经济体和中小企业在融入全球价值链及升级时遭遇的本国及外国政策壁垒,探讨通过自由化措施、结构改革和规制协调消除这些壁垒的具体行动方式和相应的政策,并与在这方面有相应经验的国际组织、工商团体、相关国家的智库等开展紧密合作,推动构建"全球价值链的合作伙伴关系",从而进一步创造和完善符合发展友好型的全球价值链的新型贸易治理结构体系。

第三节　G20杭州共识引领亚洲经济发展和一体化进程

一、亚洲经济发展与一体化的基本态势

受全球经济相对低迷的影响,2016年的世界贸易继续呈现以现值衡量的负增长,出口额下降3.1%[1]。亚洲经济[2]作为全球经济的重要组成部分和带动全球经济成长的主要动力源,贸易情势变化与世界趋势紧密相关:2016年贸易继续呈现下降走势。当年贸易出口下降3.7%,进口下降4.7%。尽管亚洲在进出口方面仍处于负增长,但降幅逐步减小,反映出亚洲整体经济与全球其他区域相比更早出现复苏态势。而从数量上分析,这种态势更加明显,2016年世界货物贸易出口增长1.3%,亚洲的货物贸易出口增长1.8%[3]。由此可见,2016年的全球贸易按照数量或者货值计算其间存在一定的差异,这主要与大宗商品价格偏低和汇率波动,尤其是美元升值紧密相关。这从亚洲对外贸易占全球比重基本维持稳定的情势中得到明确的反映:2016年亚洲出口占全球的比重基本维持在34%,与2015年的34.2%非常接近;2016年亚洲进口占全球的30.26%,也与2015年的30.8%相差不大。近年来,服务贸易在世界经济中的作用日益凸显,而且较货物贸易更早摆脱负增长的态势。

---

[1] 驻札幌总领馆经商室.JETRO报告显示全球贸易总额减少3.1%连减两年[EB/OL].商务部网站. http://www.mofcom.gov.cn/article/i/jyjl/j/201707/20170702618456.shtml.

[2] 关于亚洲的定义是遵循世界贸易组织(WTO)在其《2015年世界贸易统计》中所用的定义。亚洲包括阿富汗、中国香港地区、马来西亚、巴布亚新几内亚、汤加、澳大利亚、印度、马尔代夫、菲律宾、图瓦卢、巴基斯坦、印度尼西亚、蒙古国、萨摩亚、瓦努阿图、不丹、日本、缅甸、新加坡、越南、文莱达鲁萨兰国、缅甸、基里巴斯、尼泊尔、所罗门群岛、柬埔寨、韩国、新西兰、斯里兰卡、中国内地(大陆)、老挝、巴勒斯坦、中国台湾地区、斐济、中国澳门地区、帕劳及泰国。

[3] 数据来源于世界贸易组织《2017世界贸易回顾》,表A2。

2016 年,全球的服务贸易就恢复正增长,出口增长了 0.4％,服务贸易进口增长了 1.1％。而亚洲紧随这一趋势,服务贸易的进出口均实现正增长,但在服务贸易领域的逆差不断扩大。据统计,2016 年亚洲服务贸易出口额为 12 152 亿美元,较上年同期增长 0.9％,占世界服务贸易出口总额的 25.3％;进口额为 14 202 亿美元,较 2015 年的 13 833 亿美元成长 2.6％,占世界服务贸易进口总额的 30.3％,在全球的地位不断提升。亚洲经济发展最主要的特点是对外贸易的迅速发展和在全球地位的攀升,因此,贸易发展的相对低迷对于亚洲经济发展乃至一体化的进程有着直接的影响。

表 5-1 亚洲主要经济体 2017 年 1—8 月贸易统计

经济体名称	进 口		出 口	
	总值(10 亿美元)	增长率(%)	总值(10 亿美元)	增长率(%)
中国内地	1 157.43	15.8	1 443.71	5.3
日 本	430.78	10.6	453.09	8.0
韩 国	307.54	17.6	363.23	12.6
澳大利亚	146.34	11.0	150.86	26.8
印 度	278.14	22.9	191.14	11.0
马来西亚	126.18	14.5	141.55	15.8
印度尼西亚	97.93	12.1	108.81	23.4
中国香港地区	376.2	9.5	354.80	21.5
泰 国	146.45	15.8	153.45	9.1
新加坡	208.17	13.2	236.42	9.4
全 球	11 427.83	8.4	11 277.11	9.6

• 资料来源:IMF 贸易统计,2017 年 12 月 26 日。

2017 年,亚洲大部分经济体的货物贸易都实现了增长。在货物进口方面,增速明显高于 8.4％的世界平均增长速度,除中国香港地区和印度以外,所有亚洲经济体在 2017 年前八个月均为贸易顺差。上述迹象显示,亚洲经济很可能率先摆脱经济低迷的状态,这为亚洲经济一体化的发展提供了有利的条件。

二、G20 杭州峰会以来亚洲经济一体化的进展与问题

根据亚洲开发银行的最新报告,亚太地区货物贸易占到世界 30% 以上;而若以购买力平价来计算,亚太经济已经占到全球 GDP 的 40%①。随着亚洲经济实力的增强,尤其是中国经济在全球影响力的扩展,亚洲经济在整体上已经成为全球经济发展重要的动力源和支撑点。因此,亚洲经济一体化的进程不再是区域性的概念,而成为推动世界经济发展的全球性概念。G20 杭州峰会在解决世界经济问题、完善全球经济治理结构方面迈出坚定而有实效的步伐,同样也为亚洲经济发展及经济一体化指明了方向。

特朗普上任之后,于 2017 年 1 月宣布退出了跨太平洋伙伴关系(TPP)协议②,此举对亚太区域经济一体化进程产生了直接的冲击和影响。除美国外,TPP 剩余的 11 个签署国在日本和澳大利亚等的积极推动下,于 2018 年 3 月正式签订"跨太平洋伙伴关系全面进步协定"(CPTPP)③,显示相关经济体对建构起高质量的投资贸易新规则仍有强烈的需求。不过,需要指出的是,近年来,不同经济体、不同产业、不同阶层在全球化进程的损益差异,导致反全球化的浪潮起伏跌宕,对各国政治经济产生明显的冲击。特朗普当选后很快宣布退出 TPP 就是这种社会氛围的必然结果。按照特朗普的说法,全球化导致美国制造业将大量的工作机会外包,严重削弱美国企业的竞争力,因此,必须扭转这一势头。而美国退出 TPP 显示美国贸易政策将面临很大的不确定性,也引发其他国家对美国贸易保护主义举措的担忧。这些贸易保护措施包括提供进口关税、限制贸易融资、强力的反倾销措施等,一旦相关举措实施将严重影响国际贸易并迟滞世界经济的复苏进程。

---

① 2016 年亚太地区关键指标.亚洲开发银行网站.https://www.adb.org.
② 江宇娟.特朗普正式宣布美国退出 TPP[EB/OL].新华网.http://www.xinhuanet.com/world/2017-01/24/c_129459613.htm.
③ 钟玉珏.日主导签署 CPTPP[N].中国时报,2018-03-08.

从另一方面看,以区域合作的深化促进各成员方的经济发展已成为共识。在这种情况下,亚洲各经济体参与区域合作的态度积极。如果说CPTPP的目标是试图建构高水平的多边FTA的话[①],区域全面经济伙伴关系协定(RCEP)则希望建构更广泛参与的多边FTA。不过,目前RCEP谈判进展并不顺利[②]。2012年11月RCEP正式启动,2013年5月东盟与6个自由贸易协定(FTA)合作伙伴开始了谈判("10+6"机制)。总体而言,区域合作协议有助于降低成员方的贸易成本、促进市场化开放和宏观经济政策协调,有助于提升成员方的竞争优势,也有助于稳定区域贸易环境和亚洲区域内全球价值链的延伸与提升。需要指出的是,现在亚太区域合作的"意大利面碗效应"[③]非常凸显,例如参与RCEP谈判的六个国家同时也参与了CPTPP[④],这将导致贸易创造效应受到抑制,进而可能会成为一个潜在的隐患。这将在很大程度上影响亚洲经济一体化的进程。

依照目前的发展态势和已取得的经验看,亚洲经济一体化大体有四种模式供选择与参考:一是"10+3"模式,即东盟加上中国、日本和韩国形成东亚自贸区(EAFTA),进而实现东亚(包括东南亚和东北亚)的经济一体化。这一机制的运行相对成熟,基础也较为扎实,但领域和范围需要进一步扩展,尤其是三个"10+1"如何真正成为"10+3"有待深化、细化和强化。在此基础上,还有"10+6"、FTAAP和由中国所倡导的"一带一路"等。当然,受到亚洲特殊历史文化因素的影响,尤其是地缘政治及域外国家的干扰,亚洲经济一体化推进的难度很大,这就更需要

---

① CPTPP与TPP在市场准入、贸易便利化、电子商务和服务贸易等方面均无差异,最大区别在于新协定冻结了旧协定中关于知识产权等内容的20项条款。

② 张锐.RCEP谈判为何一拖再拖? [N].联合早报,2017-09-26.

③ "意大利面条碗效应"(Spaghetti bowl phenomenon)一词源于巴格沃蒂(Bhagwati)1995年出版的《美国贸易政策》(U.S. Trade Policy)一书。指在双边自由贸易协定(FTA)和区域贸易协定(RTA),统称特惠贸易协议下,各个协议的不同的优惠待遇和原产地规则。原产地规则就像碗里的意大利面条,一根根地绞在一起,剪不断,理还乱。这种现象贸易专家们称为"意大利面条碗"现象或效应。

④ 包括日本、越南、马来西亚、澳大利亚、新加坡以及新西兰。

在G20杭州峰会所形成共识的基础上,推动相关议题的深化。

三、以G20杭州共识引领亚洲经济一体化新发展

G20杭州峰会取得的一系列的成果,不仅有助于指引世界经济发展的方向,而且相关的创新共识也是为亚洲经济一体化提供新的智慧和方案。这主要体现在以下三方面:

首先,鼓励科技创新助推新的经济增长点。通过科技创新培育新的经济增长点,已经成为解决全球经济增长乏力难题的"全球共识"。G20杭州峰会不仅达成了《G20创新增长蓝图》的重要成果①,还推出了创新行动计划、新工业革命行动计划、数字经济发展与合作倡议这3份配套行动计划。G20峰会之后,2016年11月3日至5日在北京举办的G20技术创新部长会议②,进一步讨论了创新驱动发展的政策和实践、鼓励创新创业、G20科技创新合作的优先领域及模式、G20科技人力资源与创新人才交流合作四项议题,由此形成了全方位的创新共识,从而为建设创新型世界经济、提升经济可持续发展潜力、推动亚洲经济发展提供了新动能。对亚洲经济发展而言,在处于经济增长方式调整和结构转型阶段,杭州峰会创新共识的推动,必将在实现创新的过程中有效提升一体化的进程,从而带动亚洲经济更加持续健康地增长。

其次,改善国际贸易与投资环境,优化亚洲区域一体化发展环境。自经济全球化以来,国际贸易与投资一直是推动世界经济增长的重要引擎。但是,2008年全球金融危机的爆发,导致国际贸易持续低迷,年均增长率从危机前7‰降至目前3‰的水平,成为影响全球经济增长的重要因素之一。尽管导致这一状况的深层次因素是世界范围内的有效需求不足,但金融危机后重新兴起的贸易保护主义难辞其咎。与此同时,

① 郑青亭.G20发布创新增长蓝图,设工作组推创新议程[N].21世纪经济报道,2016-09-06.
② 王静.2016年G20科技创新部长会议在北京举行[EB/OL].科学网.http://news.sciencenet.cn/html-news/2016/11/360311.shtm.

在全球经济疲软的影响下,国际投资也不可避免地陷入停滞甚至倒退。联合国贸发会议评估全球投资的成长将由此降低10%到15%,降至1.5万亿到1.6万亿美元之间①。面对世界经济发展的颓势,G20杭州峰会经过协商,推出《G20全球贸易增长战略》,规划了促进世界贸易成长的系统解决方案,确立了降低贸易成本、促进贸易和投资政策协调、推动服务贸易、加强贸易融资、促进电子商务发展、处理贸易和发展问题等七大合作支柱和行动方案,在2016年年底前达成《贸易便利化协定》,同时将减少及不采取新的贸易保护主义措施的承诺延长到2018年底。为了促进全球投资便利化,杭州峰会达成《G20全球投资指导原则》,积极主张建设开放、非歧视、透明和可预见的投资环境以促进投资的有效性。这些措施进一步释放了贸易和投资的潜力,有助于推动世界经济平稳复苏,也有利于拉动亚洲经济的全面成长。

根据世界银行统计,G20成员的GDP占全球85%、对外贸易总额占全球的80%、吸引的外来投资和对外投资分别占全球的70%和80%②,因此,G20各成员方承诺的贸易和投资合作必然会对世界经济增长起到较强的拉动作用。按照世界银行专家的估算,如果G20杭州峰会的协定能够得到有效执行的话,全球贸易成本将下降15个百分点,全球贸易额将每年新增1万亿美元,就业岗位将增加2100万个③,这将为世界经济的全面复苏注入强劲动力。与此相应,作为全球经济发展的"热点"和世界进出口持续增长的区域,亚洲经济将在这一过程直接获益。而经济的有效成长将为亚洲经济一体化的发展增添新动能。

第三,协助亚洲发展中经济体更有效地参与区域经济合作。随着全球新兴经济体的发展,发展中国家在治理全球经济中的重要性日益提

---

① 新华社.联合国预计今年全球外国直接投资将大幅下滑[EB/OL].每经网. http://www.nbd.com.cn/articles/2016-10-07/1043225.html.

② 杨景春.G20对全球贸易投资规则的影响与中国的对策[J].新西部·中旬刊,2016,10.

③ 东艳,张琳.与历届G20峰会相比杭州G20峰会有何特色[EB/OL].人民网-人民论坛.http://theory.people.com.cn/n1/2016/0929/c40531-28748947.html.

升。新兴市场国家通过加强合作,推动世界经济格局朝着更加公正、合理的方向发展。在这种情况下,协助亚洲的发展中国家更好地参与区域合作是推动亚洲经济一体化的重要环节。

众所周知,均衡增长是全球经济发展的目标之一,但是由于当今亚洲各经济体之间贫富差距日益扩大,发达经济体和发展中经济体的利益诉求存在较大冲突。可以说,现行国际体制的构建都是由发达国家主导并体现了发达国家的切身利益,在国际规则制定时,发展中国家的参与度严重不足导致全球治理规则的制定无益于促进发展中国家的发展。在杭州峰会上,作为东道主的中国促进"推动发展中国家和中小企业更好地融入全球价值链",这对进一步引领亚洲发展中国家参与全球价值链分工将发挥积极的作用。在这一进程中,通过协调、促进、融合、提升,不仅有助于推动亚洲发展中经济体的转型发展,而且也将更有效地提升相关经济体参与区域经济合作的进程,从而进一步夯实亚洲经济一体化的基础。

G20杭州峰会的成功举办为全球经济发展提供了新的动能,更为亚洲经济一体化的进程提供有利的环境、奠定更加坚实的基础、提供良好的示范。在新的情势下,有效化解新形势下亚洲经济一体化的瓶颈,推动亚洲经济的整体发展尚需要G20成员方的努力,而中国应在杭州峰会的基础上发挥更加积极的作用,推动亚洲和全球经济实现更加绿色、均衡、可持续的发展。

第六章
"一带一路"建设助推亚洲经济一体化新发展

　　亚洲地区被称为发展差异最大的地区,不仅有日本、韩国、新加坡等位列全球最高收入水平的国家,也有中国、印度、马来西亚、印度尼西亚等新兴发展中国家,还有尼泊尔、柬埔寨、斯里兰卡等最不发达国家,更有阿富汗、伊拉克等饱受战争困扰的国家。在当前国际政治经济环境纷杂多变的大环境下,全球化的发展趋势陡然停滞,许多亚洲发展中经济体寻求融入全球化的期望受阻。特别是美国、欧洲等地区保护主义势力抬头,原有的外向型发展经济增长模式难以维系,转型内生性经济增长成为亚洲地区经济体的迫切期望。为此,亚洲地区发展区域经济一体化的需求与日俱增,这也是维护亚洲地区经济长期稳定发展和区域和平的重要措施。"一带一路"倡议与国际合作框架的提出,为亚洲经济体更快、更好实现经济一体化提供了重要的发展机遇和合作机制。可以说,"一带一路"不仅是亚洲一体化的新希望,同时也是全球区域发展模式的重要尝试。

第一节　亚洲经济一体化呼唤新型区域合作模式

　　如果说世界经济发展的必然规律是经济全球化或全球经济一体化,那么区域经济一体化是全球经济一体化必经的历史阶段,而推动亚洲经济一体化将势必加速全球经济一体化的实现。亚洲幅员辽阔,是地理版图最大、东西距离最长、跨维度最广、人口最多的大洲。群山河流的分隔、经济发展水平的差距、历史文化的差异,阻挠了亚洲经济一体化的实现。相较欧洲成立欧洲联盟、美洲签订北美自由贸易区,亚洲经济一体化进程迟缓,目前仍旧以小范围的区域性一体化模式为主。研究表明,亚洲区域一体化主要呈现出区域板块性组织一体化特征。[①]可以说,目前亚洲整体一体化程度较低,缺乏深层次一体化的合作模式。因此,在全球经济一体化逐渐深化的背景下,亚洲经济一体化的整体进程亟待进一步的理论创新和模式创新。

一、全球经济一体化推动亚洲经济一体化发展

自 1995 年世界贸易组织正式成立以来,多边贸易体制取得了重要进展,为经济全球化提供了重要动力,推进了全球经济一体化发展进程。但是,21 世纪初启动的多边贸易体制新一轮谈判——多哈回合贸易谈判在十多年间经历了多次中止和重启后仍未取得实质进展,目前处于"死亡"的边缘[②]。在此背景下,以双边自由贸易协定(Bilateral Free Trade Agreement)、区域自由贸易协定(Regional Free Trade Agreement)为代表的特惠贸易协定(Preferential Trade Agreement)成为区域经济一体化最显著的标志,也成为各方推动经济一体化的重要方式。自 20 世纪 90 年代以来,亚洲乃至全球的区域贸易协定呈现出爆炸式的增长。[③] 20 世纪 90 年代末,全球区域贸易协定的规模由 20 世纪 80 年代末的 23 个增长至 76 个,年均增速近每年 6 个;2000 年全球区域贸易协定进一步扩散,年均增速超过每年 14 个。虽然受全球经济危机影响,增速呈现显著下降趋势,但是仍旧保持在年均 11 个的增速。对于积极参与经济全球化的亚洲经济体而言,亚洲区域贸易协定也基本遵循全球区域贸易协定的发展趋势。其中,亚洲经济体参与的区域贸易协定比重

①③ 陆建人.论亚洲经济一体化[J].当代亚太,2006, 5:3—17.
② 贾格迪什·巴格沃蒂、许平祥.多哈回合"死亡"了吗?[J].国际经济评论,2014, 1:170—173.

在 2000 年后超过 50%,显示出亚洲经济体较高的全球经济一体化参与度。另一方面,这也说明亚洲在积极参与经济全球化一体化的同时,也推动了亚洲经济一体化的进程(见表 6-1)。但是,亚洲经济一体化的程度仍旧低于欧洲和北美洲等发达地区,这一方面是因为亚洲经济一体化起步晚、内部经济体发展水平差异大等客观因素,另一方面也是受亚洲经济一体化发展体制机制缺陷、经济一体化发展环境等其他因素影响。

表 6-1　全球和亚洲区域自由贸易协定发展趋势(累计生效,单位:个)

年　份	全球 RTA 数量	年均增速 (个/年)	涉及亚洲 RTA 数量	年均增速 (个/年)
1969 年前	3	—	0	—
1970 年—1979 年	14	1.22	3	0.33
1980 年—1989 年	23	1.00	5	0.22
1990 年—1999 年	76	5.89	38	3.67
2000 年—2009 年	205	14.33	107	7.67
2010 年—2018 年	305	11.11	161	6.00

• 数据来源:根据世界贸易组织数据整理。

二、世界贸易组织促进亚洲经济一体化进程

以世界贸易组织为代表的多边贸易体制建立在自由贸易和公平贸易原则的基础上,通过贸易协定与入世承诺等方式约束成员,以削减进出口关税、提高通关便利化等,并且采取降低贸易壁垒、提供贸易救济、争端解决等保护措施,这些政策形式鼓励和促进成员间的贸易往来。可以说,世界贸易组织是推进全球经济一体化发展的重要力量。对于亚洲经济体而言,加入世贸组织不仅意味着大幅降低对外贸易的成本,提高当地经济增长速度,还意味着发展外向型经济模式,加速融入全球经济一体化的进程。为此,中国、越南等亚洲发展中经济体积极努力申请加入。从世贸组织成员的发展结构看,虽然 1995 年世贸组织成立的创始

成员中亚洲地区经济体数量相对较少,但之后亚洲成为申请参加最多的地区。除1996年至2000年加入的经济体数量略低于非洲地区,2001年后亚洲始终是世贸组织新成员的主要来源,比重达到一半。目前,亚洲地区已有39个经济体正式成为世贸组织成员,另有8个经济体为观察员的身份(见图6-1)。可以说,亚洲经济体参与到全球经济一体化也意味着亚洲经济体内部的一体化得到加强,特别是跨国企业的跨区域产业链布局成为主要的国际贸易发展趋势,中国在入世后形成以加工贸易为纽带,自日本、韩国、东盟等亚洲经济体和美欧等其他地区进口不同部件后组装出口的贸易格局,并最终发展成以中国为产品输出终端的"世界工厂"。

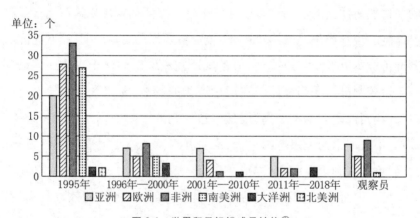

图6-1 世界贸易组织成员结构[1]

· 数据来源:根据世界贸易组织数据和UNCTAD分类整理。

三、多边贸易体制困局阻碍亚洲经济一体化深化

以世界贸易组织为代表的多边贸易合作体制遭遇前所未有的困局。多哈发展回合谈判自2001年末启动后原定于2005年底达成协议,但是最终于2006年7月世贸组织总理事会的批准下正式中止。以"发展"为

---

[1] 按照世贸组织成员划分,欧盟28个经济体算作1个成员。

核心的多哈回合谈判秉持了包容性发展的原则,部分议题涉及发达成员和发展中成员的核心利益,难以达成共识。特别在发达成员是否取消农产品补贴政策,发展中成员是否取消农产品直接出口支持等问题上各方不愿让步,使得2006年后各成员多次试图重启多边贸易体制谈判的努力均以失败告终。[①]同时,以英国脱欧、美国特朗普上任等为代表的逆全球化浪潮在世界各地涌现,保护主义抬头的趋势异常明显。这严重阻碍了多边贸易体制的发展,打击了各方对世贸组织的信心,也延缓了全球经济一体化的进程,降低了亚洲经济体通过多边体制促进亚洲经济一体化的期望。

一方面,对于经济发展水平相对较低的发展中经济体而言,参与推动多边贸易体制的谈判成本要远低于达到整体相似成果的双边/区域贸易体制的谈判成本。虽然双边/区域贸易谈判在谈判周期、谈判时间、谈判准备成本上低于多边谈判,但是其谈判成果仅局限于双边或区域间,而多边谈判虽然受到全体一致通过原则的影响,无论在谈判轮次、谈判时长、谈判议题成本上更高,但是多边谈判的成果适用于世贸组织所有成员,不仅成果的适用范围更大,而且其谈判成果更具有包容性发展的内涵,更加有利于发展中成员。

另一方面,双边/区域贸易协议对促进经济一体化的效果具有局限性。这主要是因为双边/区域贸易协议往往超出经济和贸易利益的诉求,更多地受到政治和外交等其他利益诉求的影响。虽然后者可能有利于加快贸易谈判的进程,但是政治和外交往往存在较大的不稳定性,存在因政治周期选举等因素的波动,进而对双边/区域贸易协定的实施效果产生影响,对经济一体化的进程造成负面影响。[②]

此外,发展中经济体在与经济发展水平较高经济体的双边谈判中,

---

① 项梦曦.多边贸易体制正在经历风雨考验[N].金融时报,2018-04-12.

② 祁月."多哈回合"已死? WTO面临十年来最大挑战[EB/OL].华尔街见闻,2015-12-21. https://wall-streetcn.com/articles/227672.

在谈判能力、经济实力、可开放程度等方面处于劣势,在谈判过程中往往处于被动地位,谈判成果可能不利于发展中经济体,导致经济一体化向着不利于发展中经济体的趋势发展。由此可见,原有通过参与多边贸易体制推进亚洲经济一体化的发展模式受到阻碍,延缓了亚洲经济体一体化的发展进程。

四、一体化模式单一不利于亚洲经济一体化发展

在多边贸易体制严重受阻的大背景下,双边和区域自由贸易协议成为亚洲经济体谋求经济一体化的重要途径。根据世贸组织提供的区域自由贸易协议数据,全球和亚洲的区域自由贸易在上世纪 90 年代后出现较快速的增长。其中,亚洲经济体参与的双边/区域自由贸易协议主要在 1995 年后呈现快速发展的趋势。在 1995 年到 2017 年 20 多年的时间内,亚洲经济体间的自由贸易协议从 5 个快速增加至 55 个。其中,1995 年至 2006 年的 11 年间,亚洲内部自由贸易协议的数量从 5 个增长至 28 个,年均增长近 2 个;而 2006 年至 2017 年间,亚洲内部自由贸易协议则从 28 个增长至 56 个,年均增速超过 2.25 个。可见亚洲经济体在多边贸易体制困局下更多地寻求区域贸易一体化的发展。但是,从亚洲内部贸易协议与涉及亚洲经济体的自由贸易协议比重结构看,亚洲内部贸易协议的比重呈现出先上升后下降的变化趋势。虽然现在的比重仍旧维持在约 35% 的水平,但是亚洲内部贸易协议的增长趋势正在明显下降(见表 6-2)。这一方面是因为双边/区域贸易协议促进区域经济一体化的模式过于单一,对亚洲地区经济一体化的促进效应逐渐减弱,特别是亚洲发展中经济体所占比重较大,双边谈判的成本逐渐显现。另一方面,各经济体在双边/区域贸易协议谈判中面对不同的谈判对象,在各谈判中谋求利益最大化的同时,会造成各双边/区域贸易协议在规则和标准上的差异,形成"意大利面碗"现象。协议的增加同步提高了规则和标准的差异性,而这些差异繁复的规则和标准可能成为经济

体监管对外贸易的主要成本,进而拖累经济一体化的进展。[1]所以,双边/区域自由贸易协议已无法成为推进亚洲经济一体化的有效模式,亚洲需要新型区域合作模式。

表 6-2　亚洲区域自由贸易协议发展趋势　（累计生效,单位:个)

年份	全球 RTA 数量	涉及亚洲 RTA 数量	亚洲内部 RTA 数量	亚洲内部 RTA 比重(%)
1981	17	3	0	0.00
1983	18	3	0	0.00
1985	19	4	0	0.00
1986	20	4	0	0.00
1987	21	4	0	0.00
1988	22	4	0	0.00
1989	23	5	0	0.00
1991	26	6	1	16.67
1992	28	7	1	14.29
1993	35	12	2	16.67
1994	41	14	2	14.29
1995	49	19	5	26.32
1996	57	27	7	25.93
1997	63	31	8	25.81
1998	69	36	10	27.78
1999	76	38	11	28.95
2000	86	42	12	28.57
2001	94	46	14	30.43
2002	104	51	15	29.41
2003	116	59	18	30.51
2004	127	63	19	30.16
2005	140	72	24	33.33
2006	157	82	28	34.15
2007	170	90	31	34.44

① 项梦曦.多边贸易体制正在经历风雨考验[N].金融时报,2018-04-12.

（续表）

年份	全球 RTA 数量	涉及亚洲 RTA 数量	亚洲内部 RTA 数量	亚洲内部 RTA 比重(%)
2008	187	100	37	37.00
2009	205	107	40	37.38
2010	217	115	43	37.39
2011	229	124	47	37.90
2012	245	130	47	36.15
2013	258	136	49	36.03
2014	270	143	50	34.97
2015	284	154	53	34.42
2016	296	158	54	34.18
2017	304	160	55	34.38
2018	305	161	56	34.78

• 数据来源:根据世界贸易组织数据整理。

五、亚洲经济一体化协调组织缺失

当前亚洲地区的区域合作组织功能不完善。东盟(ASEAN)、海合会(GCC)等仿照欧洲联盟(欧盟)的经济共同体模式,以及永久性政府间国际组织——上海合作组织等形式的一体化组织,在推进亚洲地区一体化方面取得了一定成效。但是由于这些组织起步时间较晚,合作程度相对较低,所覆盖的经济体范围较小,目前这些组织仍旧处于小区域性质的经济一体化形式,离实现整体意义上的亚洲经济一体化还有较长的距离。相比较而言,目前还存在部分参与成员较广的其他组织,例如亚太经济与合作组织(APEC)、太平洋经济合作理事会(PECC)等。这些组织覆盖的范围相对较广,对实现整体意义上的亚洲经济一体化具有一定帮助。但这些组织以论坛、峰会、学术和民间交流等为主要形式,缺乏与贸易协议等类似的法律效力和约束机制,其取得的成果往往缺乏有效的执行力,难以深入推进亚洲经济一体化。

此外,日本、中国等亚洲经济体的发展模式与西方发达经济体的发展模式存在较大差异。亚洲地区经济体普遍重视政府在经济发展中的主导作用,政府对经济的干预力度远高于欧美国家。因此,欧盟和北美的经济一体化发展模式难以在亚洲进行简单复制和重复。所以,亚洲经济一体化需要形成符合亚洲地区经济发展特点,具有政府引导的经济一体化发展模式。

六、高度依赖海外市场不利于亚洲经济一体化发展

由美欧等西方发达经济体跨国公司推动的全球产业链布局模式,为亚洲发展中经济体提供了融入全球经济一体化的重要平台。这种发展方式虽然能够充分发挥发展中经济体低劳动力成本、低土地成本等生产要素的比较优势,但是也存在一些局限性。首先,亚洲经济一体化的发展高度依赖美国、欧盟等发达进口市场的需求。正如《亚洲经济一体化报告》所指,亚洲对外进出口贸易在 2015 年和 2016 年连续出现双降的情况,这是因为美欧等发达经济体在全球经济危机后表现疲软,进口需求萎缩,对亚洲贸易、生产和金融等方面的一体化造成多重挑战。[①]特别是近几年中国、日本、韩国和印度等亚洲主要经济体的中间品贸易萎缩,降低了亚洲内部贸易的依存度,亚洲经济体在生产上的一体化也在一定程度上出现倒退。[②]其次,以加工贸易为代表的全球化融入模式是外向型发展模式,难以对亚洲经济体内生性动力产生实质促进,不利于亚洲经济一体化的可持续发展。此外,亚洲发展中经济体的实力和地位处于弱势,在与跨国公司谈判以及产业布局中往往处于被动,只能从事附加值低的生产活动,难以实现有效技术资本积累,在经济增长过程中可能因为劳动力成本上升、资源价格上升等问题丧失比较优势,进而在"雁行模式"下出现产业转移后陷入"中等收入陷阱"的现象。

---

① 博鳌亚洲论坛.博鳌亚洲论坛亚洲经济一体化进程 2018 年度报告[M].北京:对外经济贸易大学出版社,2018.
② 杨小刚.亚洲经济一体化面临挑战 区域内中间品贸易大幅下降[N].第一财经日报,2017-03-24.

可以看出,虽然亚洲经济一体化在全球经济一体化的早期浪潮下实现了卓有成效的发展,但是当前国际环境恶化,原有单一的一体化发展模式遇到了发展瓶颈,都严重阻碍了亚洲经济一体化的进一步深化。因此,新形势的亚洲经济一体化呼唤新型区域合作模式。

第二节 "一带一路"与亚洲经济一体化新机遇

正如前文所述,亚洲经济一体化遇到了发展瓶颈。然而,2013年中国提出的"一带一路"合作框架,得到了国际社会尤其是亚洲国家的广泛支持,有望成为亚洲经济一体化发展的新引擎。根据瑞士信贷银行《2017年投资展望》,亚洲地区的基础设施投资将在中国的"一带一路"合作框架的推动下高速增长,从而为亚洲经济的稳定增长提供重要推动力。对于基础设施矛盾突出的亚洲发展中国家和最不发达国家,"一带一路"不仅可以有效弥补这些经济体的基建短板,而且可以创造就业岗位,提高生产效率。根据瑞士信贷银行的预测,2017年基建投资为亚洲经济增长的贡献可以达到1.5个百分点,其中"一带一路"是最主要的贡献来源。[1]

一、"一带一路"理念简述

"一带一路"是中国借鉴中国古代丝绸之路的和平外交思路,坚定包容性发展的理念,充分利用和深化发展中国现有的多边和双边机制,借助国际性和区域性合作交流平台,积极扩展和发展与沿线经济体的经济合作伙伴关系。[2]中国"一带一路"倡议绝非所谓的中国版"马歇尔计划",而是中国在大国崛起的过程中避免"修昔底德陷阱",以友好、和

---

[1] Dimson, Elroy., Paul Marsh, Mike Staunton: The Credit Suisse Global Investment Returns Yearbook 2017(Summary Edition), Credit Suisse Research Institute.

[2] 佚名."一带一路"的含义及时代背景[EB/OL].新华网,2017-04-25. http://www.xinhuanet.com/local/2017-04/25/c_129569856.htm.

平、繁荣为旗帜的国际开放合作机制。中国始终抱以开放和宽容的态度,期待与各方共同打造"政治互信、经济融合、文化包容"的世界利益共同体、人类命运共同体和国际责任共同体。[①]

二、"一带一路"倡议对亚洲经济一体化的意义

第一,"一带一路"契合亚洲经济崛起的历史阶段。21世纪以来中国、印度、东盟等亚洲经济体加速崛起成为最重要的世界经济事件之一。亚洲经济的崛起成为推动世界经济发展、维护世界经济稳定的重要力量。当前时代背景下,亚洲经济的崛起将打破工业革命以来的欧美发达经济体主导世界经济增长的格局,形成欧、美、亚三大洲三足鼎立的世界经济新格局。中国、印度、东盟等新兴经济体的快速发展为世界经济秩序带来多元化的增长引擎和合作共赢模式。"一带一路"合作框架将有效联结亚洲经济体,加快亚洲经济一体化进程。这不但会进一步推动国际经济合作机制创新,而且会推动亚洲和世界经济实现包容性发展,进而为世界经济发展作出新的贡献。[②]

第二,"一带一路"有助于破除亚洲经济一体化短板。一方面,亚洲经济一体化发展的短板在于经济发展能力相对较弱。亚洲发展中经济体数量众多,整体经济发展水平较低,水利、交通等基础设施建设的缺失,研发投入、金融抑制等经济发展资金的稀缺,电力、燃料等能源供给能力的不足的问题,以及科学技术、管理能力落后等诸多因素不仅阻隔了亚洲经济体间的互联互通,也制约了亚洲经济的进一步发展。另一方面,亚洲经济一体化合作机制受缚于亚洲地缘政治的复杂性。日本军国主义抬头、朝核危机、南海岛礁争议、宗教派别争斗等僵局,特别是美国战略东移后,对亚太地区始终扮演着挑拨离间的角色,都严重干扰了

---

① 乌东峰."一带一路"的三个共同体建设[N].人民日报,2015-09-22.
② 权衡.亚洲经济崛起具有全球意义[N].人民日报,2015-07-17.

亚洲地区政治稳定和政治协调能力。①中国提出的"一带一路"倡议,始终秉持开放、合作、宽容、共赢的态度,以共商共建共赢的理念,最大程度确保"一带一路"参与方的主权独立性,对亚洲经济一体化的发展释放出明晰的善意。同时,"一带一路"合作框架是中国在总结自身经济发展经验的基础上,以经济建设为中心,设立亚洲基础设施投资开发银行和丝路发展基金,为发展中经济体解决了基础设施建设能力不足以及建设发展资金短缺的燃眉之急,为亚洲经济体的经济发展提供重要保障,为亚洲经济一体化打下坚实的经济基础。

第三,"一带一路"使亚洲经济一体化发展更具可持续性和包容性。亚洲是全球经济发展水平差异最大的地区之一,如果亚洲可以实现一体化发展,那么其他地区也都有望实现经济一体化。这将不仅是亚洲对发展模式和理论的重要创新,也是亚洲对人类历史发展的重要贡献。对于亚洲人口众多的发展中经济体而言,经济增长需要解决,发展问题同样需要解决。"一带一路"在全球出现逆全球化的背景下,为经济全球化发展注入一剂强心剂,为世界经济走出疲软提供了稳中求进的解决方案。正如习近平总书记指出的,"一带一路"是"通过提高有效供给来催生新的需求,实现世界经济再平衡"。让中国成熟的产业能力和建设能力服务于共建"一带一路"的经济体,特别是满足落后的发展中经济体,推进这些经济体的工业化和现代化发展水平,解决其基础设施上的迫切需要,为发展中经济体带来建设能力和发展动力,不仅有利于亚洲地区实现经济稳定崛起,而且有利于亚洲地区的长期繁荣稳定,更能稳定当前世界经济形势。另一方面,"一带一路"体现出中国包容的发展理念,"欢迎各方搭乘中国发展的快车、便车",有别于常规国际谈判中对"搭便车"行为的抵制。②特别是在亚洲地区经济体间文化、信仰、发展模式

① 佚名.亚洲经济一体化面临"三座大山"[N].长江商报,2014-09-10.
② 王义桅."一带一路"推动包容性增长[N].人民日报,2016-09-07.

上存在较大差异的背景下,"一带一路"倡议强调"和而不同"的观念,对多元性秉持包容、维护、相互学习的态度,在此基础上谋求共同发展、共同繁荣、共享和平。此外,"一带一路"还突出政府的引导作用,重视劳动力在劳动—资本的关系中的地位,实现亚洲地区人民的共同发展。[①]

第四,"一带一路"有助于加快推进亚洲经济一体化进程。截至2018 年 5 月,中国已经同 45 个亚洲经济体国家签署了共建"一带一路"合作协议,基本覆盖了主要的亚洲发展中经济体。同时,随着亚投行、丝路基金等金融支持机构的投入运行和合作项目的不断深入,中国-老挝铁路、中国—缅甸铁路、马来西亚马中关丹产业园等一批有影响力的标志性项目逐步落地。中国还与格鲁吉亚完成了自由贸易协议的签署。可以看出,"一带一路"建设速度不断加快,推动中国与亚洲经济体的联结,将有助于进一步推进亚洲经济一体化的发展。[②]

三、"一带一路"建设为亚洲经济一体化带来的新机遇

第一,"一带一路"建设为促进亚洲区域经济合作提供新平台。"一带一路"合作框架突出参与各方通过宏观战略合作实现共商共建共赢。在美欧等西方经济体市场陷入萎靡的背景下,"一带一路"为亚洲地区的经济合作与共同发展提供了机遇与平台。以东盟为例,东盟作为中国长期以来的重要贸易伙伴,是中国推进"一带一路"合作建设的优先方向和重要伙伴。东盟经济总量超过 2.5 万亿美元,目前人口超过 6 亿,年轻的人口结构为未来经济的快速发展和本土市场建设提供重要的因素。但是东盟内部经济差异大,一些发展中经济体,尤其是最不发达经济体,缺少经济发展配套的基础设施和发展规划。为此,中国与东盟建立了紧密的经济合作关系。2016 年双方贸易额达 4 522 亿美元,双向

---

① 刘卫东.以"包容性全球化"解读"一带一路"[N].中国青年报,2017-02-13.
② 王义桅."一带一路"推动包容性增长[N].人民日报,2016-09-07.

累计投资额达到 1 779 亿美元。同时,为促进东盟区域内商品、服务、投资、资本和技术劳动力自由流动的单一市场的建设,东盟发布的《东盟经济共同体蓝图 2025》规划与"一带一路"合作框架的主要内容高度契合。2016 年中国-东盟建立对话关系 25 周年纪念峰会上,双方领导人同意共同推进《东盟互联互通总体规划 2025》与"一带一路"倡议进行对接,中国将加强与东盟在东盟公路网、泛亚铁路、内陆河道运输网等基础设施建设项目的合作。这不仅将加快实现东盟共同经济体,而且将实现中国与东盟成员的互联互通。[①]

第二,"一带一路"建设为推动亚洲经济一体化注入发展新动力。"一带一路"合作框架既是亚洲地区发展的新动力,又是全球发展的新引擎。首先,中国成熟和先进的基础设施建设能力,可以为亚洲地区提供基础设施建设保障,并有助于解决发展中经济体经济增长过程中的就业问题和技术能力不足的问题。中国通过"一带一路"对外提供更多公共产品,为亚洲地区的发展中经济体提供发展动力,帮助其早日完成联合国 2030 年可持续发展议程。其次,"一带一路"沿线人口占世界总人口的近六成,但是经济总量仅占三分之一。这种经济总量与人口的严重不匹配,凸显了共建"一带一路"国家发展的巨大需求缺口和潜力。"一带一路"不仅将中国与亚洲其他经济体互联互通,还将亚洲与世界其他经济体互联互通。亚洲经济体可以搭上"一带一路"的快车,更高效地扩展国际市场,更快地融入全球化。[②]"一带一路"将推动亚洲地区的投资贸易自由化和便利化,为亚洲带来新一轮的经济增长驱动力。在发达国家贸易保护主义不断抬头的环境下,中国作为世界第二大经济体、第一大制造业国、第一大商品贸易国以及第二大资本输出国,将为亚洲地区的长期稳定发展和一体化进程提供重要保障。[③]

① 徐步."一带一路"倡议给东盟国家带来的新机遇[EB/OL].中国外交部官网,2017-09-26. http://www.fmprc.gov.cn/web/dszlsjt_673036/t1496974.shtml.
② 王义桅."一带一路"打造世界经济新引擎[N].光明日报,2016-03-18.
③ 毛新雅."一带一路"开创全球经济开放发展新格局[N].人民日报,2017-11-28.

第三,"一带一路"建设为亚洲经济一体化提供了发展新理念和新方向。"一带一路"国际合作以打造利益共同体、责任共同体和人类命运共同体为目标。首先,"双赢"是国际谈判中普遍追求的价值,但是实际过程中往往却是在讨价还价中各打小算盘。而"一带一路"国际合作则是通过寻求利益共同体的方式,谋求合作各方共享重要利益。其次,"一带一路"强调责任共同体,体现各方权责对等,这不仅有利于实现督促机制,而且有利于提高亚洲地区经济体的凝聚力,共同担负起亚洲地区的社会责任。最后,人类命运共同体强调"政治上讲信修睦、经济上合作共赢、安全上守望相助、文化上心心相印、对外关系上开放包容"。对于幅员辽阔,宗教、信仰、文化、制度等差异巨大的亚洲而言,在亚洲实现"人类命运共同体"的发展目标,是形成你中有我、我中有你的亚洲经济一体化的必然阶段,也将是在全球范围实现"人类命运共同体"的重要突破。[1]对于长久以来因战争、历史、宗教、文化等差异而出现冲突和对立的亚洲地区而言,"人类命运共同体"将是实现亚洲地区政治和平和经济稳定的必由之路。

第四,"一带一路"建设为亚洲经济一体化发展探索新机制与新模式。中国是多边贸易体制的重要支持者和维护者,在多种场合都声明支持多哈发展回合谈判,而"一带一路"则诠释了中国在世贸组织发展困局下,将多边开放贸易体制与区域经济一体化的创新相结合,树立了全球经济开放发展中互利共赢的新机制。"一带一路"建设采取灵活多样的多边和双边合作机制,一方面体现出各合作方的意愿和对各国国情特点的充分尊重,另一方面也保证了开放和非歧视性的合作原则。例如,亚洲共建"一带一路"的经济体中不仅有韩国、以色列等高工业化水平国家,还有马来西亚、印度尼西亚等工业化中期国家,还有缅甸、老挝等工业化早期国家,更有伊拉克、阿富汗等战争后重建国家。中国在与

---

① 刘明,马琼."一带一路"倡议最终目标:打造人类命运共同体[J].环球,2017, 16.

这些亚洲国家和地区的合作中采用了符合当地发展水平的合作方式，不仅契合沿线国家加速工业化、促进经济增长的需要，也符合中国产业结构转型升级的需要，是一种互利共赢的举措。①特别是，"一带一路"合作框架中提出的"五通"建设理念，是深化亚洲经济一体化发展的重要内容，是联结亚洲区各方力量，形成一荣俱荣、一损俱损的人类命运共同体的条件。

第三节 "五通"建设与亚洲经济一体化新发展

2015 年 5 月 28 日，中国国家发展改革委、外交部、商务部联合发布了《推动共建丝绸之路经济带和 21 世纪海上丝绸之路的愿景与行动》文件。在文件中明确了"一带一路"倡议和建设的基本原则是"开放合作、和谐包容、互利共赢"。该文件还明确提出以"政策沟通、设施联通、贸易畅通、资金融通、民心相通"的"五通"作为"一带一路"合作的主要内容。②可以说，"五通"是中国对改革开放以来取得的伟大经济发展成就的经验归纳和理念提升，也是适用于亚洲地区经济体发展的重要参考依据。"五通"体现出五维一体的基本发展思路，将为推动亚洲经济一体化发展提供坚实的体制机制保障。

一、政策沟通

"政策沟通"是"一带一路"建设的重要保障，是亚洲经济一体化发展的经络。全球经济一体化的今天，不同经济体之间的连接更为紧密，国内政策的传导范围更加广泛，甚至会超越国界，对其他经济体产生影响。为了避免信息不对称产生的信息错配、重复建设、恶性竞争等问

---

① 毛新雅."一带一路"开创全球经济开放发展新格局[N].人民日报,2017-11-28.
② 国家发改委、外交部、商务部等推动共建丝绸之路经济带和21世纪海上丝绸之路的愿景与行动.2015-05.

题,政策沟通是获得国际社会广泛认同的关键。"一带一路"国际合作强调参与各方之间的发展战略对接,而中国也一直寻求并实现与不同国家和地区的发展战略和计划的相互衔接。例如,哈萨克斯坦的"光明大道"、蒙古国"草原之路"、俄罗斯的"跨欧亚大通道建设"、印尼的"全球海洋支点"等均与"一带一路"加快对接合作,实现了合作双方的信息有效沟通,提高了双方政策的实施效果。此外,中国在与亚洲经济体保持政策沟通的同时,还积极探索多边合作机制。这不仅有利于有效推动亚洲地区在全球经济的影响力,而且有助于吸引国际机构参与到亚洲经济一体化发展中。例如,联合国开发计划署签署了关于共同推进"一带一路"建设的谅解备忘录,"一带一路"倡议还被写进第71届联合国大会决议。这意味着越来越多的国家表现出对"一带一路"的认同和支持,"一带一路"已不仅仅是中国方案,更是全球共识。①

二、设施联通

"设施联通"是"一带一路"建设的优先领域,是亚洲经济一体化发展的骨架。"一带一路"合作框架中基础设施的联通为亚洲经济体之间的贸易、投资、交流与合作提供了重要支撑。基础设施的互联互通,将使亚洲发展中经济体摆脱基础设施水平落后的困境,加强亚洲国家和地区之间的紧密连接,从而为实现亚洲经济一体化打下坚实基础。由此,亚洲区域内部"不联不通、联而不通、通而不畅"的痛点将有望得到改善。目前,中国与亚洲共建"一带一路"的经济体基本实现了空中直航,一批国际公路、铁路通道正在加紧建设之中:云南的中老泰公路、中越公路、中缅公路、中印公路国内段大部分已建成高速公路,中泰铁路、中老铁路也相继取得进展。同时,中国在高铁和地铁领域的成熟技术和系统体系吸引了众多亚洲发展中经济体的关注,特别是中国在

---

① 马静舒."五通"正成为"一带一路"建设的强大助推器[EB/OL].中国网,2017-05-05. http://opinion. china.com.cn/opinion_14_164514.html.

肯尼亚等非洲地区建设地铁的成功经验极大促进了非洲地区的一体化发展,为亚洲基础设施的互联互通提供了示范,将有助于加快亚洲经济一体化进程。①

三、贸易畅通

"贸易畅通"是"一带一路"建设的重点内容,是亚洲经济一体化发展的肌肉。贸易是推动经济一体化发展的重要方式,在"一带一路"国际合作框架下,亚洲经济体通过双边/区域贸易协议降低进口关税税率水平,通过加强海关通关合作、检验检疫和标准合作,切实有效降低亚洲内部贸易的成本。这不仅有利于亚洲内部经济通过区域贸易提高亚洲各经济体间的互补性,而且将有助于亚洲产业链和供应链的发展。例如,广东湛江检验检疫局出台多项通关便利措施,降低了进出口环节通关费用,提高了通关放行效率,促进了产品进出口。据初步统计,2017 年 1—7 月,湛江口岸对东盟进口和出口产品货值达到1.85 亿美元和 11.9 亿美元,分别同比增长 10.53% 和 36.47%,共帮助东盟进出口企业节省费用近 100 万元。②广西南宁还建立了中国—东盟质量、标准化、计量、检测认证等 6 大合作中心,支持一些东盟国家建立了水稻、芥蓝、葡萄等农业标准化示范区并提供相关培训。③中国与东盟的贸易往来不断扩大,在 2016 年超过 4 600 亿美元。泰中罗勇工业园、柬埔寨西哈努克港经济特区更是发展成为具有示范效应的标志性园区。

① 马静舒."五通"正成为"一带一路"建设的强大助推器[EB/OL].中国网,2017-05-05. http://opinion. china.com.cn/opinion_14_164514.html.
② 郑树坚,赵海军.湛江检验检疫局多措并举助力湛江东盟贸易通关便利[EB/OL].中国经济网. http://district.ce.cn/newarea/roll/201708/17/t20170817_25068155.shtml.
③ 侯巍,王雷涛,黄红锦.先进技术助力中国东盟水果贸易通关能力提升[EB/OL].新华社.http://www. gx.xinhuanet.com/newscenter/20161107/3518978_c.html.

四、资金融通

"资金融通"是"一带一路"建设的重要支撑,是亚洲经济一体化发展的血液。对于亚洲发展中经济体而言,基础设施建设和经济发展需要大量的资金支持。亚投行以及丝路基金等可以为发展中国家提供亟需的资金和低息贷款保障,有助于缓解发展中国家的资金瓶颈问题。2016年6月,亚投行批准了首批四个项目总计5.09亿美元的贷款,用于印度尼西亚、巴基斯坦等共建"一带一路"国家的能源和基建领域。同时,人民币投资和跨境业务日益受到亚洲"一带一路"参加方的高度重视。[1]此外,2018年6月25日,全球首个基于区块链的电子钱包跨境汇款服务在中国香港地区上线,中国香港地区向菲律宾的跨境汇款可以如同本地转账一样实时到账,这不仅节约了交易时间和交易成本,而且整个交易安全透明。[2]日新月异的互联网金融新技术,将有助于进一步促进亚洲地区资金融通和金融合作。

五、民心相通

"民心相通"是"一带一路"建设的社会根基,是亚洲经济一体化发展的灵魂。虽然是否存在亚洲价值的研究尚未得出令人信服的结论,但是亚洲地区存在较大的文化差异是不争的事实。"一带一路"倡议既加强了沿线相关国家和地区的官方交流与沟通,也进一步推动了中国与亚洲地区的民间人文交流。通过进一步推进签证便利化、学术交流以及文化交流活动,可能更好地促进中国对亚洲其他地区文化与民族的了解。根据国家旅游局预计,"十三五"时期,中国将为共建"一带一路"国家输送1.5亿人次中国游客和2 000亿美元旅游消费。

---

① 马静舒.五通"正成为"一带一路"建设的强大助推器[EB/OL].中国网,2017-05-05. http://opinion. china. com. cn/opinion_14_164514.html.

② 佚名.支付宝:区块链重新定义"跨境汇款",香港至菲律宾3秒到账[EB/OL].新华网,2018-06-25. http://www. xinhuanet. com/fortune/2018/06/25/c_1123034186.htm.

第四节 推进"一带一路"建设，
促进亚洲经济一体化的建议

一、更加注重中西亚地区基础设施建设，加强与中西亚国家的能源合作

一直以来，中国与中亚和西亚的经贸联系相对不够紧密。中亚和西亚地区是中国联通欧洲的重要桥头堡，中国应更加注重加强与这些地区的经贸往来与交流合作。特别是该地区常年遭受战争困扰，基础设施建设水平相对落后，严重制约了中西亚地区的经济发展能力，也不利于亚洲经济一体化进程的推进。为此，中国应该根据中亚和西亚各经济体的情况，通过自由贸易协议、基础设施援建等方式加强交流。特别是加快海合会-中国自由贸易区的谈判，提高中国与中西亚国家的能源合作，确保亚洲经济一体化发展中的能源安全和可持续发展。此外，通过进一步加强与海合会、伊朗、伊拉克等产油国的合作，利用上海期货交易所、上海国际能源交易中心，使产业国与消费国能源贸易合作更加紧密相连，保持亚洲地区原油价格的稳定和可持续发展。①

二、更加注重在南亚、东南亚的产业投资及相关基础设施投资

南亚和东南亚是未来亚洲经济发展的重点。印度和东盟普遍呈现出人口数量大，年龄结构年轻化等特点，具有劳动资源禀赋的优势。对于劳动力成本逐渐上升的中国而言，南亚和东南亚是中国企业"走出去"的重要方向。加强中国与南亚和东南亚的基础设施互联互通以及产业投资，可以改善南亚和东南亚地区的发展环境，为中国等亚洲国家的企业在南亚和东南亚投资创造有利条件。这不仅有助于培育亚洲地区

---

① 陈波.努力让上海原油期货成为"一带一路"深度合作的推动力[EB/OL].和讯期货,2018-05-29. http://futures.hexun.com/2018-05-29/193103440.html.

的跨国企业和跨区产业链,而且有助于提高亚洲地区整体资源禀赋配置效率,提高亚洲地区经济发展水平,从而进一步推进亚洲地区经济一体化发展。

三、更加注重支点国家及支点城市建设,充分发挥支点国家和支点城市的示范和辐射作用

当前,"一带一路"倡议已初步完成前期的规划和布局,正在向落地生根、深耕细作、持久发展的新阶段迈进。在新阶段,要高效率、高起点、低风险地推进"一带一路"建设,就应该精心选择支点国家优先推进,然后以点建线,以线带面。同时,城市是"一带一路"深入推进并不断发展的重要支撑。特别是丝路沿线中部分具有鲜明特色和突出特质的城市或区域,如具有显著区位优势的城市、具有独特历史文化传承的城市、具有雄厚产业基础的城市、具有广泛贸易联系和海外市场开拓能力的城市、具有体制机制优势的城市等,将成为整个"一带一路"建设的重要支点。要充分发挥沿线支点城市在吸引人口、产业、投资、信息、服务等各种经济要素方面的集聚效应和为各类经济活动提供支撑平台等方面的重要作用,示范、辐射、引领和带动支点城市周边地区发展,以此带动亚洲区域经济的崛起,并提升亚洲经济一体化水平。

四、更加注重与亚洲非"一带一路"国家的合作

目前,大多数亚洲国家都已参与或有意愿参与中国"一带一路"倡议。为了充分发挥"一带一路"对于亚洲经济一体化的推动作用,中国应进一步加强与亚洲非"一带一路"国家的经贸合作,通过"一带一路"联通亚洲更多的国家和地区,借助"一带一路"国际合作平台带动所有亚洲国家的经济社会发展,加强亚洲国家和地区之间的经济合作与联系,从而实现亚洲经济一体化水平的不断提高。

第七章
中国在亚洲经济一体化进程中的
角色和作用

近年来,在亚洲各国的共同努力下,亚洲地区加快了经济一体化发展进程,贸易、投资、金融、人口流动等多个方面的一体化进程取得了明显成效,区域一体化体制机制建设也获得了长足的发展。亚洲经济作为全球经济增长的重要引擎和经济全球化发展的重要力量,为世界经济的复苏增长提供了强大动力,也为抵御愈演愈烈的逆全球化趋势作出了重要贡献。其中,中国作为全球最大的新兴经济体、世界第二经济大国以及亚洲地区发展的重要力量之一,在促进亚洲经济一体化进程中发挥了关键作用。随着中国经济进入新时代以及中国日益走近世界舞台中央,中国将以"一带一路"国际合作为核心与平台,构建亚洲利益共同体、责任共同体和命运共同体,为推动区域经济一体化的发展贡献中国方案,进一步引领和推动亚洲经济一体化的持续深入发展。

第一节 中国在亚洲经济一体化中的角色定位

一、中国在亚洲经济一体化中的角色演变

随着中国经济的不断发展和崛起,中国在亚洲经济一体化进程中的角色也经历了一个变化和调整的过程。从中国地区战略演进的视角来看,亚洲经济一体化进程中的中国角色的形成大致经历了以下四个不同的历史阶段。

一是漠视与否定阶段,即 1978 年中国改革开放以前。在亚洲经济一体化进程的初始阶段,区域合作只在地区有限范围内进行,而中国在该阶段基本是一个封闭的意识形态浓厚的国家。中国对国际与地区内机制性组织持怀疑、否定与排斥的态度,即使是地区性经济组织也不例外。

二是改革体制试图参与阶段,即 1978 年中国开始改革开放到 2000 年中国加入世贸组织期间。1978 年中国吹响了改革开放的号角,其中,改革是内部的政策调整,最初虽未直接提出用市场经济体制置换计划经济体制,但改革的市场化取向是改革之初即被赋予的体制走向含义,也是中国为避免由经济体制改革引发政治危机与社会动荡的理性选择。开放则始终是全方位的,中国的对外开放由始至终既强调对世界开放,也注重对地区开放。这无疑为参与地区一体化发出了信号。然而,以贸易自由化和投资便利化为主旨的区域合作框架,对体制的要求是市场指向的,使得许多非市场体制国家在参与地区一体化过程中面临着许多困境。中国在改革开放不久提出恢复在 GATT 的席位,这是中国试图融入经济全球化的努力,也说明了中国对地区一体化的态度①。在这一阶段,随着改革开放的不断深入,中国自身的综合实力不断提升,对区域经济一体化的利益诉求也逐渐增强,因此开始积极融入亚洲区域经济一体化进程。

三是积极参与并作用于其中的阶段,即 2000 年中国加入世贸组织到 2008 年国际金融危机爆发。中国"入世"为亚洲经济的持续增长提供了强大动力,也为亚洲经济一体化的发展进程注入了重要活力。"入世"以来,中国特色社会主义市场经济体制的建立为中国提供了参与区域一体化的体制便利与保障,其他区域一体化的实践与经验使中国认识到了区域一体化的巨大作用,日益强大的经济实力也提升了中国参与区

---

① 刘澈元,刘祯.东亚经济一体化进程中的中国角色与国内市场一体化——以新地区主义经济范式为观照视角[J].经济体制改革,2007,4.

域经济一体化的形象。目前,中国参加了亚洲几乎所有的经济合作组织,如亚太经合组织、上海合作组织、"东盟10＋1"、"10＋3"、RCEP等,并在其中发挥重要作用。

四是引领并推动区域一体化阶段,即2008年金融危机爆发以来的时间段。2008年全球金融危机爆发不仅使全球经济遭遇重创,也引起了人们对经济全球化的深刻反思甚至批评反对,西方国家逆全球化思潮兴起,经济全球化和区域经济一体化进程面临挫折,同时也波及亚洲经济一体化发展。面对逆全球化和反全球化困境,作为经济全球化和区域一体化的受益者和倡导者的中国,为进一步推动亚洲经济一体化发展提出了中国智慧和中国方案。习近平总书记在博鳌亚洲论坛2015年年会上发表的题为《迈向命运共同体　开创亚洲新未来》的主旨演讲中指出,亚洲各国应携手迈向命运共同体,开创亚洲新未来,通过迈向亚洲命运共同体,推动建设人类命运共同体。在博鳌亚洲论坛2018年年会的主旨演讲中,习近平总书记提出,把"一带一路"打造成为顺应经济全球化潮流的最广泛国际合作平台,让共建"一带一路"更好造福各国人民,并承诺将进一步实施大幅度放宽市场准入、创造更有吸引力的投资环境、加强知识产权保护、主动扩大进口等一系列对外开放的举措。

二、新时期中国在亚洲经济一体化中的战略定位

总体来说,随着中国成长为世界第二大经济体以及在各种全球和地区治理机制中参与的深度和广度的加强,中国在亚洲经济一体化中的地位、身份和影响力都发生了巨大的变化,中国对亚洲地区经济治理的参与也由谨慎参与向全面参与再向深度参与、有所作为、引领推动的方向发展。与此同时,中国在亚洲经济一体化中的身份也发生了明显变化,由亚洲地区经济一体化的融入者、参与者进一步发展为亚洲经济一体化机制的建设者、推动者、引领者。同时,中国"负责任大国"的意识和身份也得到进一步彰显,由原来的在国际压力下承担转变为自觉

承担、主动承担①。中国积极推动和倡导亚洲地区经济合作机制建设，发起金砖银行、亚投行和丝路基金建设，谋划"一带一路"战略，加强亚太自贸区建设等都是这种自觉主动担当的真实体现。

具体而言，目前中国在亚洲经济一体化发展中的角色定位至少应包括以下三个方面：

第一，一体化进程和亚洲开放型经济的引领者。自 1978 年改革开放以来，中国从市场、资本、技术全球化中受益颇多，迅速成长为发展中国家的领军者。其在日益融入全球价值链的过程中也将更多中国企业纳入世界市场竞争，力求从"中国制造"向"中国质造"转型。中国经济发展奇迹不仅造就了"中国道路"模式，打破了经济发展只有依靠单一模式才能获得成功的神话，也为发展中国家提升在全球经济治理中的制度性话语权提供了有益经验，即通过自主、渐进、创新性的市场化改革融入现代国际体系和拥有共同"话语体系"。另一方面，2008 年金融危机爆发后，中国致力于发展开放型世界经济和维护亚太地区经济金融稳定，为推动亚太地区继续在世界经济复苏方面发挥引擎作用作出突出贡献。正如习近平总书记在 2018 年博鳌亚洲论坛的演讲中所指出的那样："40 年来，中国人民始终敞开胸襟、拥抱世界，积极作出了中国贡献。改革开放是中国和世界共同发展进步的伟大历程。中国人民坚持对外开放的基本国策，打开国门搞建设，成功实现从封闭、半封闭到全方位开放的伟大转折。中国在对外开放中展现大国担当，从引进来到走出去，从加入世界贸易组织到共建'一带一路'，为应对亚洲金融危机和国际金融危机作出重大贡献，连续多年对世界经济增长贡献率超过 30%，成为世界经济增长的主要稳定器和动力源，促进了人类和平与发展的崇高事业。"②因此，面对目前全球经济疲软，尤其是反全球化浪潮风起云

---

① 刘贞晔.中国参与全球治理的历程与国家利益分析[J].学习与探索,2015, 9.
② 参见习近平总书记在博鳌亚洲论坛 2018 年年会上发表的题为《开放共创繁荣 创新引领未来》的主旨演讲。

涌以及贸易投资保护主义强势抬头的现实,中国仍然应当坚持作为全球化和开放经济的引领者,在TPP式微的当下推动RCEP、中日韩FTA等亚太区域一体化进程,加强与各国沟通交流,为最终实现亚太自由贸易区(FTAAP)创造有利条件。

第二,亚洲地区发展诉求和国家利益的维护者。发展仍是当前亚洲地区经济一体化面临的首要任务,也是解决一切问题的总钥匙。亚洲经济已成为全球经济增长的重要引擎,但亚洲地区内部发展不平衡,许多国家和地区都属于相对落后的发展中国家。地区经济发展的失衡,对亚洲经济一体化发展形成了掣肘和阻碍。中国在推动和引领亚洲经济一体化过程中,最重要的任务之一就是要关注长期发展议题,维护亚洲地区国家特别是发展中国家的利益和诉求,探索提出基于发展中国家利益的投资贸易新规则,为亚洲经济一体化的深入发展奠定基础。改革开放40年来,中国的发展模式和发展道路"拓展了发展中国家走向现代化的途径,给世界上那些既希望加快发展又希望保持自身独立性的国家和民族提供了全新选择,为解决人类问题贡献了中国智慧和中国方案"。这种发展经验正在以"一带一路"等经济合作形式为载体扩散到包括亚洲地区在内的世界更多的国家。具体而言,在当今全球价值链快速发展的背景下,中国除了要带动亚洲地区国家不断参与和融入新型国际生产体系外,还应关注其特殊的利益诉求,包括:在全球分工中捕获公正的收益、带动国内附加值的关联增长、创造就业和提高劳动技能、构建长期生产能力、促进知识与技术扩散和升级。此外,中国还应特别关注亚洲国家在全球价值链中的风险管理,例如易受外部冲击、中等收入陷阱以及社会、环境、劳工、安全和公共健康等社会问题。这些发展中国家所关切的问题并未充分反映在发达国家主导的新贸易与投资协定中。因此,中国应主导制定与推动反映大多数发展中国家利益需求和比较优势的适度规则,一方面强调应保障促进发展的政策空间和规制主权(例如农业安全、反垄断、公共健康等),另一方面强调应消除针对发展中国家的各种贸易干预措施(例如出口技术限制、农业补贴和国内支持等),从而倡导构建一个全面、平衡、公正、包容的全球治理制度体系,引领和带动亚洲国家和地区参与全球经济治理,并在此进程中不断提升亚洲地区经济一体化程度和水平。

第三,更加公平的国际体制与地区秩序的建设者。一体化的亚洲是世界经济区域化发展的重要力量,对经济全球化发展也具有重要意义。亚洲经济一体化离不开公平包容的国际体制环境,也需要和谐稳定的地区秩序的支撑。中国作为亚洲地区的大国和强国,有责任为亚洲地区的经济社会发展和一体化建设创造良好的地区秩序,并为亚洲地区发展争取赢得更加公平的国际体制。目前几大全球性经济治理机构均由美欧主导,服务于发达国家利益。在 IMF 和世界银行这样的国际机构中,新兴经济体和发展中国家的地位和权利没有得到充分尊重,份额与投票权挂钩的机制使得发展中国家利益难以被顾及。尽管世界银行新的份额和治理改革方案将中国投票权提升至第三位,但美国仍然保有否决权。与此同时,"金砖国家"等非正式集团正在不断涌现,G8 向 G20 过渡一定程度上体现了发达国家和发展中国家更为均衡的实力对比。这些组织发布的倡议、框架和决定虽不具有强制约束力和惩罚机制,但不失为提升发展中国家制度性话语权的有效突破口。因此,中国应致力于维护更加公平的国际秩序与体制,一方面,通过倡导设立金砖开发银行和亚洲基础设施投资银行等兼顾发展中国家需求的新机构作为现行国际体制的有效补充;另一方面,通过"一带一路"倡议、产能合作以及工业合作伙伴计划等,以平等互信、互利共赢为理念,以促进长期发展为导向,以提供硬件公共产品为依托,以基础设施建设和互联互通为突破口,为发展中国家群体带来切实收益,促进公平公正、多元共治、包容有序的国际经济新秩序的建立①,从而为亚洲经济一体化发展提供外部环境和

---

① 盛斌,王璐瑶.全球经济治理中的中国角色与贡献[J].江海学刊,2017,1.

体制机制上的重要保障。

第二节 中国在亚洲经济一体化发展中的作用

进入新世纪特别是全球金融危机以来,中国在促进亚洲区域经济合作和地区经济一体化发展过程中发挥了极为重要的作用。在当前逆全球化思潮兴起和全球贸易保护主义抬头的复杂形势下,中国成为全球化的坚定推动者和亚洲区域一体化的积极倡导者,并以中国方案推进亚洲经济一体化进程,将在未来的亚洲经济一体化进程中贡献更多中国智慧和中国力量。具体而言,日益走向世界舞台中央的中国将在亚洲经济一体化发展中起到如下六个方面的作用。

一、带动亚洲经济持续稳定增长,加强亚洲地区贸易投资联系

发展是永恒的主题,亚洲要真正实现经济一体化,首先是要保持经济持续稳定增长。中国不仅是世界第二大经济体和最大的发展中国家,也是亚洲经济增长的重要动力和后盾,中国在亚洲经济一体化中的最核心作用之一就是辐射和带动亚洲地区经济持续稳定增长。博鳌亚洲论坛发布的《亚洲经济一体化进程 2018 年度报告》显示,2015 年以来亚洲地区中间品贸易持续下滑,但中国仍然处于亚洲工厂的中心位置,成为亚洲地区贸易增长的重要引擎。从投资来看,2016 年中国成为亚洲最大的直接投资来源地,在世界上处于第二位,中国对亚洲国家直接投资达到了 1 831 亿美元,增长率为 43.5%。自 2013 年中国提出"一带一路"倡议以来,随着越来越多的包括 FDI 在内的金融资源被调动起来,亚洲地区投资活力迅速增强。按照中国商务部的统计,中国企业在 53 个共建"一带一路"国家非金融性投资额在 2015 年经过 20% 的增长后,2016 年小幅降低了 2%,达到 145.3 亿美元,占中国对外直接投资的 8.5%。位于重要经济走廊的一些国家,如柬埔寨、巴基斯坦和哈萨克斯

坦等积极参与"一带一路"倡议,已开始大量吸引来自中国的直接投资。按照柬埔寨的统计,2016 年三大直接投资来源地分别是日本(33.5%)、中国内地(31.6%)和中国香港地区(13.9%)。由于中国-巴基斯坦经济走廊诸多项目的实施增加了基础设施建设的外资流入,南亚地区普遍获益。中国在西亚地区的投资更多投向非自然资源行业,帮助东道国经济逐渐多样化。

可见,中国正日益成为亚洲地区贸易和投资增长的动力之源,为亚洲地区的经济社会发展注入了强大动力和重要活力,并有助于进一步加强亚洲区域内部以及和世界其他地区之间的贸易和投资联系。目前,中国经济已经进入新时代,中国经济新时代,既是中国发展新征程,更是亚洲和世界经济新机遇。其一,发展质量更优的中国,将对亚洲经济产生更广泛的辐射效应。进入发展新时代,中国经济将由高速度增长转向高质量发展阶段。作为世界第二大经济体,中国经济升级与增长转型对亚洲经济增长的辐射影响和拉动作用将日益增大,并为亚洲经济创造新的红利。显然,一个结构更加合理、发展质量更优的中国,将更好地充当亚洲经济的稳定器和压舱石,继续为亚洲各国发展提供巨大机遇。其二,发展动力更足的中国,将为亚洲经济增长注入更强劲动能。进入发展新时代,创新作为中国经济发展第一动力的地位将更加稳固。中国将全方位推进科技创新、理论创新、实践创新、制度创新、文化创新以及其他各方面创新,创新将进一步"嵌入"中国经济的方方面面,不断释放增长新动能。毋庸置疑,一个创新步伐加快、发展动力更足的中国,将为亚洲经济发展注入更强劲的动能与活力,对亚洲经济增长的贡献也会更稳定持久。其三,更加开放包容的中国,将让更多国家搭乘中国发展的快车。进入发展新时代,"中国开放的大门不会关闭,只会越开越大"。中国新一轮全面开放,将通过纵横交错、休戚相关的国际贸易和金融体系,把中国红利转化为亚洲红利、世界红利,为亚洲和世界经济发展增添新动力。预计未来 15 年,中国将进口 24 万亿美元商品,吸收 2 万亿美元境外直接投资,对外投资总额将达到 2 万亿美元[1]。不难预见,一个更加开放包容、同世界互动更深的中国,将为亚洲提供更多的市场与机会,让更多亚洲国家搭乘中国发展的快车。

二、增强亚洲内部联动与整合,引领亚洲区域经济合作

近年来,随着亚洲经济的整体性崛起,亚洲板块内部不同层面和不同领域的联动显著增强。这既构成亚洲整体性崛起的一个重要内生支撑和内在驱动,同时也是亚洲整体性崛起的效应体现之一。在板块内部不同层面和不同领域的多种联动中,表现最为突出、牵动力最大的包括以下几个主要的次区域合作机制。其一,东盟从加强自身一体化建设向牵引亚洲地区整合方向发展。东盟 2007 年制定了《东盟宪章》,并据此着力增强凝聚力、提高整体实力和国际地位,朝着建成以安全、经济和社会文化共同体为支柱的共同体的目标推进。2012 年 11 月东盟正式启动《东盟地区全面经济伙伴关系(RCEP)框架》,目标是把东盟与中国、日本、韩国、澳大利亚、新西兰、印度六国已达成的自由贸易区整合在一起,达成一个现代、全面、高质量和互惠的经济伙伴关系协定,形成全球最大规模的自由贸易区。随着 RCEP 谈判和建设进程取得进展,以东盟为中心的多个次区域之间的联系和整合势必得到强化。其二,上海合作组织稳步发展,区域整合和辐射力不断增强。上海合作组织作为亚洲中心地带最重要的多边合作机制,通过 10 余年的发展及其对外辐射影响,促进了东亚、中亚与南亚之间的联系。其三,海湾合作委员会地位的提升和作用扩大增进了西亚与东亚的合作。2014 年 3 月,海合会在第 130 届外长会议上决定重启对外自贸区谈判,其中包括与中国、日本的自贸区谈判。该进程如实现突破,将使西亚与东亚的联动大幅增强。其四,澜沧江-湄公河次区域合作加强了中国与泰国、柬埔寨、缅甸、

---

[1] 参见习近平总书记在亚太经合组织工商领导人峰会上作的题为《抓住世界经济转型机遇 谋求亚太更大发展》的主旨演讲。

老挝、越南的联动与合作。2018年1月发布的《澜沧江-湄公河合作五年行动计划(2018—2022)》,致力于将澜湄合作打造成为独具特色、具有内生动力、受南南合作激励的新型次区域合作机制,助力东盟共同体建设和地区一体化进程。

上述主要机制多从软性的经济层面合作着手,涉及政治、安全等多个方面。各个机制合作联动的领域存在差异,主要从五个方面展开,即高层政治会晤和磋商(如东盟系列峰会、上合组织成员国元首理事会、海合会首脑会议等)、基础设施互联互通、贸易投资往来、军事安全合作、人文社会交流,成为拉紧亚洲内部合作的五大纽带。其中,最能体现也最直观的纽带仍然是内部经济联系。21世纪初以来,亚洲区内贸易从8 000亿美元增长到3万亿美元,贸易依存度超过50%;区内已签署的自贸协定从2002年的70个增加到目前的超过250个,该区成为全球自贸区建设最活跃的地区;大多数国家的入境游客80%以上来自亚洲内部。

伴随中国综合国力的不断提升,整个地区范围的联动和整合围绕中国展开的成分也在不断增加,中国对整个地区内部联动和整合的促进抬升作用越来越突出。中国与亚洲国家之间的经贸联系日趋紧密,已经成为许多亚洲国家的最大贸易伙伴、最大出口市场和重要投资来源地。中国的前十大贸易伙伴中有一半来自亚洲,对外投资约70%投向亚洲。据统计,中国在亚洲国家开设了超过100所孔子学院,互派留学生超过50万人,同亚洲国家人员往来超过3 000万人次,入境中国内地的亚洲国家人员达1 500多万人次,占入境外国人总数的57%,外国人入境人数前十位的国家中有7个是亚洲国家[①]。此外,渝新欧国际铁路联运大通道、第二欧亚大陆桥、中俄原油管道、中国-哈萨克斯坦天然气管道等基础设施互联互通对亚洲地区格局产生了强大牵动力。这些纵横交错的基础设施犹如一条条现实的和潜在的经络,在持续强化着整个地区的

---

① 刘振民.坚持合作共赢 携手打造亚洲命运共同体[J].国际问题研究,2014,2.

联系沟通的同时,不断培育整个地区的共同体意识,增进地区内在联系的紧密程度。

　　但同时也应看到,目前亚洲区域内多个合作机制交织并存,相互竞争和碰撞也增大了区域内部耗损,削弱了地区崛起和一体化发展的内在支撑。亚洲存在的系列机制在从不同角度和不同层次的区域促进亚洲内部联动的同时,由于各自追求目标、议程轻重缓急等方面的差异,在客观上相互掣肘。特别是美、俄、日、印等大国出于加强对亚太及次区域主导地位的考量,纷纷加紧推行各自的战略,力图按照自己的意愿强化对次区域合作机制的塑造。例如,美国持续加强与东盟的政治、经济、军事关系,俄罗斯加强与印度、日本、越南、韩国等的经济、安全关系,日本持续推进与东盟、中东、中亚的经济和安全关系,印度加强与日本、菲律宾、越南、澳大利亚以及伊朗等国的关系。这在增进以某个战略力量为中心的次区域整合的同时,由于各中心国家的战略目标和战略实施之间存在竞争和冲突,这些合作机制在整个地区范围内实现联动受到不同程度的阻隔和削弱。如果地区主要国家不能从亚洲全局出发,求大同存小异,积极促进各个次区域合作机制的相互开放、互补共荣,整个亚洲的内部联动将受到分化抑制①。中国作为亚洲地区的重要大国,将进一步带领亚洲国家不断增强亚洲内部联动与整合,加强区域经济合作机制建设,从而增进亚洲区域经济合作,提升亚洲经济一体化水平。

三、推动亚洲迈向命运共同体,促进亚洲地区共同发展

　　当前,亚洲正在形成多层次、多支点、多方位的复合型地区合作网络,为经济全球化进程注入了强大的亚洲正能量,成为全球发展一大亮点②。亚洲区域合作正站在新起点上,面临新的机遇和复杂挑战。习近

---

① 高祖贵.亚洲整体性崛起及其效应[J].国际问题研究,2014,4.
② 张玉胜.迈向"亚洲命运共同体"的中国宣言[EB/OL]新华网,2015-03-28. http://www.xinhuanet.com/comments/2015-03/28/c_1114794365.htm.

平总书记在博鳌亚洲论坛 2018 年年会期间指出，"在世界经历新一轮大发展大调整的形势下，应顺应历史潮流，推动变革创新；面对经济增长动能不足、贸易保护主义挑战，应该坚持开放包容、合作共赢；大家都愿意同心协力、携手并进，创造亚洲和世界更加美好的未来。中国改革开放 40 年经验的一个重要启示就是：中国发展离不开世界，世界发展也需要中国。中国通过改革开放实现自身发展，创造了中国奇迹，同时又通过自身发展为世界进步贡献力量"。正是基于这样的全局意识和战略判断，中国将继续坚定不移走和平发展道路，奉行互利共赢开放战略，推动建设相互尊重、公平正义、合作共赢的新型国际关系；将推进大国协调和合作，同周边国家发展睦邻友好关系，更加积极参与全球治理，更加有效同各国携手应对挑战；把自己前途命运同世界人民前途命运紧密联系在一起，不仅为中国人民谋幸福，也要为人类进步事业而奋斗，进一步扩展合作格局，推动构建人类命运共同体，建设一个持久和平、普遍安全、共同繁荣、开放包容、清洁美丽的世界；将继续推动"一带一路"建设，坚持共商共建共享，打造国际合作新平台，增添共同发展新动力，使"一带一路"惠及更多国家和人民①。

亚洲命运共同体是人类命运共同体的重要组成部分。在经济全球化背景下，无论是应对金融危机，还是走出经济低迷，亚洲各国的发展都不可能独善其身，更不是你输我赢的"零和博弈"。命运共同体意味着共同的使命、共同的利益和共同的责任，这就需要亚洲各国在相互尊重、平等相待的基础上，同舟共济、共克时艰、互利共赢，不断扩大利益交汇点，把经济的互补性转化为发展的互助力。只有坚持你中有我、我中有你的互利共赢原则，才能实现"一加一大于二"的增长效应，甚至是"二乘二大于四"的乘数效应。亚洲国家和区域组织应以亚洲命运共同体理念为引领思想，以完善合作模式保持亚洲特色，以发展合作与安全

---

① 田原.迈向更加紧密的中国-东盟命运共同体[N].经济日报,2018-05-03.

合作为两轮驱动,以扩大区域合作受益面为有效途径,共同推动亚洲区域合作更上一层楼。

在构建亚洲命运共同体过程中,中国将发挥主导和引领作用。首先,构建"亚洲命运共同体",契合中华民族历来爱好和平,自古崇尚"以和为贵""协和万邦"和"四海之内皆兄弟"等友善思维。尤其是中国人民曾遭遇百年动荡与战火,更加珍惜和平安宁的国际环境,更加期待和睦和谐的社会生活。构建"亚洲命运共同体",不仅是对古老中华"和"文化的文明传承,更是对当代中国向往和平的心声表达①。

其次,中国一直是命运共同体理念的倡导者。近年来,中国领导人无论是出席与外国政要的双边会晤,还是参加诸如 G20 峰会、上合组织首脑峰会等国际性活动,"命运共同体"的概念都被多次提到。在博鳌亚洲论坛 2013 年年会上的主旨演讲中,习近平指出,我们生活在同一个地球村,应该牢固树立命运共同体意识,顺应时代潮流,把握正确方向,坚持同舟共济,推动亚洲和世界发展不断迈上新台阶。在博鳌亚洲论坛 2015 年年会上的主旨演讲中,习近平强调,亚洲越来越成为你中有我、我中有你的命运共同体;要通过迈向亚洲命运共同体,推动建设人类命运共同体。在博鳌亚洲论坛 2018 年年会上的主旨演讲中,习近平呼吁,各国人民同心协力、携手前行,努力构建人类命运共同体,共创和平、安宁、繁荣、开放、美丽的亚洲和世界。

第三,中国也是命运共同体理念的践行者。中方倡导的与周边国家共建命运共同体新理念,是中国与周边邻国睦邻友好、互利合作关系的延展和深化;是中国与周边邻国编织更加紧密的共同利益的网络,把双方利益融合提升到更高水平的新理念;是让周边国家得益于中国发展,使中国也从周边国家共同发展中获得裨益和助力的新理念;是倡导包

---

① 张玉胜.迈向"亚洲命运共同体"的中国宣言[EB/OL]新华网,2015-03-28. http://www.xinhuanet. com/comments/2015-03/28/c_1114794365.htm.

容,以更加开放的胸襟和更加积极的态度促进地区合作的新理念①。共建命运共同体将深化互利共赢格局,推进区域安全合作,促进民心相通。作为一个负责任大国,无论是制定新常态下的国内经济发展战略,还是倡议建设"一带一路",抑或是发起成立亚投行和丝路基金,其出发点都是基于立足中国、着眼世界、惠及他国的全球视野,是中国作为一个发展中大国践行构建"亚洲命运共同体"的实际行动。此外,在 2018年的博鳌亚洲论坛年会上,习近平已宣布了中国扩大开放的四大举措,即大幅度放宽市场准入,创造更有吸引力的投资环境,加强知识产权保护,主动扩大进口。毫无疑问,这些举措将为亚洲国家搭乘中国发展的"便车"提供更多的机遇。

四、携手参与和改善全球经济治理,营造更有利的外部环境

亚洲经济的持续发展和地区经济一体化,需要一个更加公平、公正、包容的外部环境。然而,当前西方发达国家主导的全球经济治理体系存在诸多缺陷和不足,现行的国际投资贸易规则不利于亚洲广大发展中国家和地区的发展。其一,危机爆发以来,全球经济格局深度调整,发展中国家贡献了约 80% 的全球经济增量,世界经济重心开始"东移"。同时,国际权力结构也出现了明显的权力转移现象,国际权力由传统大国向新兴大国转移,以金砖为代表的新兴大国群体性崛起。但遗憾的是,全球治理体系并未发生相应演进,全球经济治理的投票权、话语权分配未能充分反映国际力量对比的这一革命性变化,已远不能体现世界权力格局的变动而近于静止和固化②。其二,在全球安全治理、全球气候变化治理、全球网络治理的一些新兴领域,现有的全球治理体系难以应对其出现的新挑战和新变化,亚洲的广大发展中国家亦缺少相应的话语权

---

① 徐惠喜."一带一路"助力构建亚洲命运共同体[N].经济日报,2016-12-15.
② 于军,王发龙.全球治理的制度困境与中国的战略选择[J].行政管理改革,2016,12.

和足够的影响力。其三,经济全球化作为亚洲经济一体化的重要动力,随着逆全球化思潮的兴起和贸易保护主义的抬头,目前也面临前所未有的挑战,对亚洲国家经济发展和一体化进程形成了阻碍。

在此背景下,近年来,国际社会强化全球治理的呼声空前高涨,改革和创新全球治理体系的共识不断增强。而中国立足"人类命运共同体",秉持"共商共建共享"理念,深度参与和推动全球治理改革,为完善全球治理体系、促进世界共同发展提供了中国主张、中国智慧和中国方案。一方面,作为全球化的坚定支持者,中国不断以实际行动为经济全球化注入新动力。在多边层面,中国一直是世界贸易组织的坚定支持者[①]。在区域层面,中国倡导建立具有开放性的区域经济一体化合作机制。中国积极扩大对外开放,更凸显了对经济全球化的积极态度。因此,国际社会许多有识之士把继续推动经济全球化的希望寄托在中国身上[②]。另一方面,中国积极向国际社会提供制度性公共产品。中国提出的"一带一路"倡议,秉持共商共建共享原则,遵循互利共赢与合作发展的发展理念,就是要打造利益共同体和责任共同体,最终构建人类命运共同体。中国倡导创办的亚投行、与其他金砖国家一道创办的金砖国家新开发银行等正在成为新型制度性公共产品,得到越来越多国家的认同,与现有的世界银行、亚洲开发银行等形成了互补[③]。中国的上述主张和行动,有助于推动全球开放,促进基于多边规则和有利于发展的全球治理新框架的建立和完善。随着中国日益走近世界舞台中央,中国将携手亚洲各国,进一步参与和完善全球经济治理体系,为营造更有利于亚洲地区的发展环境和发展规则作出更多中国贡献。

---

① 张燕生.新时代要提高中国参与全球经济治理的能力[N].光明日报,2017-10-26.
② 李向阳.人类命运共同体理念指引全球治理改革方向[N].人民日报,2017-03-08.
③ 李琰,孟祥麟.中国智慧推动全球经济治理改革[N].人民日报,2016-06-17.

第三节　中国引领和推动亚洲经济一体化的战略选择

当前,在逆全球化的冲击和影响下,亚洲区域经济一体化进程面临着减缓甚至停滞的挑战。随着美国退出 TPP,美国在亚太区域的消极表现可能会减少本地区经济合作的红利,并减缓经济一体化的发展进程,但却给中国提供了历史性机遇。在全球经济一体化停滞与国际秩序转型的特殊时期,美国主动放弃引领经济全球化和贸易自由化的主导地位,转向单边主义和贸易保护主义,以及退出 TPP 等举动,为中国推动亚洲地区经济一体化发展创造了千载难逢的机遇。

在亚太秩序重组与区域经济一体化升级发展的关键阶段,中国应以利益共同体、责任共同体、命运共同体的"三个共同体"思想为基础,以"一带一路"倡议为核心,以更加包容、开放的姿态,积极推进 FTAAP 等多边自由化机制,积极有为地推动亚洲区域经济一体化进程。为顺应世界经济全球化和区域经济一体化潮流,拓展对外开放的广度和深度,提高开放型经济水平,中共十八大报告强调要"加快实施自由贸易区战略",为中国区域经济一体化发展指明了方向。在中共十九大报告中,习近平主席提出构建人类命运共同体,依托"一带一路"立足周边,积极开展双边、多边及区域经济技术合作,加快实施自由贸易区的网络化建设。尤其是在"逆全球化"浪潮不断掀起的背景下,建构具有中国智慧,辐射多元经济体,且能够整合竞争性发展轨道的亚太经济一体化自由贸易协定体系,成为中国在全球经济治理中发挥领导力与引领作用的优先领域。通过以建构亚太自贸区(FTAAP)为长远目标,以推动区域全面经济伙伴关系协定(RCEP)的签订为加速器,围绕"一带一路"倡议,切实促进亚太区域经济一体化的快速发展。

一、不断深化改革开放,引领新型经济全球化持续深入发展

以全球价值链发展为基础的经济全球化,是亚洲经济一体化最重要的推动力量,但来自西方的反全球化情绪仍然在世界范围内蔓延[①],这对亚洲经济一体化进程造成了干扰和冲击。中国作为经济全球化的受益和贡献者、支持和捍卫者、改革和完善者,应进一步深化改革开放,推动和引领经济全球化继续深入发展,从而为亚洲经济一体化发展注入更大动力。

近年来,尽管中国自身也受到当前逆全球化暗流的冲击,但其始终以负责任的立场,以实际行动推动和引领经济新型全球化的发展[②]。首先,中国坚持对外开放立场,积极推动自由贸易。中国在着力提升自身经济增长质量和效益的同时,积极营造宽松有序的投资环境,放宽外商投资准入,积极推进自贸区建设,构建面向全球的自由贸易区网络。其次,中国以实际行动支持欠发达地区的发展,促进全球经济发展更加均衡合理。1950 年至 2016 年,中国在自身长期发展水平和人民生活水平不高的情况下,累计对外提供援款 4 000 多亿元,实施各类援外项目 5 000 多个,其中成套项目近 3 000 个,举办 11 000 多期培训班,为发展中国家在华培训各类人员 26 万多名。再次,中国努力为全球经济发展提供更多的公共产品,“一带一路”是重要的实践框架。习近平 2017 年 1 月在联合国日内瓦总部谈到,“一带一路”倡议的目的就是实现共赢共享发展。目前,已经有 100 多个国家和国际组织积极响应支持,一大批早期收获项目落地开花。最后,中国积极为全球经济治理贡献新方案。中国支持 WTO、IMF、G20 等国际经济组织重要作用的发挥,推动自贸区谈判,并积极参与地区和全球经济制度的改革和完善。中共十九大报

---

① 林桂军.博鳌亚洲论坛亚洲经济一体化进程 2018 年度报告[R].北京:对外经济贸易大学出版社,2018.
② 陈彩云,陈积敏.经济全球化的中国角色[N].学习时报,2017-12-25.

告指出：中国谋求开放创新、包容互惠的发展前景，始终做世界和平的建设者、全球发展的贡献者、国际秩序的维护者。而且，中国开放的大门永远不会关闭，只会越开越大。通过大幅度放宽市场准入、创造更有吸引力的投资环境、加强知识产权保护、主动扩大进口等扩大开放举措，我国必将以更加务实的行动推动经济全球化并造福人类。捍卫经济全球化，中国已成为中坚力量。展望未来，创新、活力、联动、包容，经济全球化的中国愿景令人期待。

二、以"一带一路"国际合作为核心，引领亚洲区域经济包容性发展

"一带一路"倡议既是中国全方位对外开放的重要国际合作平台，也是中国引领新型全球化包容性发展的核心依托。近年来，在逆全球化潮流涌动、贸易保护主义重新兴起的大背景下，亚洲区域经济合作势头不减反增，"一带一路"倡议成为亚洲区域经济一体化的重要拉动力。在后金融危机时代和全球经济复苏乏力的背景下，亚洲在贸易一体化进程和全球生产体系中正面临更加突出的挑战，亚洲各区域间发展不平衡，联系不紧密，交通基础设施"不联不通、联而不通、通而不畅"等问题相对比较突出。中国通过"一带一路"建设，加强与东盟共同体互通互联，以亚太区域经济一体化来遏制贸易保护主义。从本质上而言，"一带一路"倡议与经济一体化发展均是消除各方障碍，打造互通互联的利益共同体，这种天然的共性使"一带一路"倡议能够吸引亚洲区域各国的经济资源，开放多元的特征也会增强各经济体加入战略的信心，提升预期收益，实现区域内各经济体之间的互利共荣[1]。同 RCEP 与FTAAP 不同，"一带一路"强调的是"五通"，即政策沟通、设施联通、贸易畅通、资金融通、民心相通，这种非自贸协定属性使其在实现方式和

---

[1] 于潇,孙悦.逆全球化对亚太经济一体化的冲击与中国方案[J].南开学报(哲学社会科学版),2017, 6.

其他国家加入的时间与规则方面更加灵活，从解决其他国家基础设施建设的实际需求出发，进而促进沿线国家的贸易增长，为亚洲地区经济一体化的发展提供一个全新选择①。

首先，"一带一路"有利于促进亚洲基础设施互通互联。亚洲国家所拥有的巨大生产力，能够通过加强基础设施互联互通和投资贸易便利化，推动更多的中间品和最终品由出口发达国家转入本地区，扩大亚洲内部市场，使得亚洲发展获得更强大的内生动力，加快亚洲经济一体化进程。"一带一路"致力于加强亚洲基础设施互通互联，有助于连接中亚、南亚、东南亚、西亚，改善区域内的整体营商环境。历史上陆上丝绸之路和海上丝绸之路就是中国同中亚、东南亚、南亚、西亚经贸和文化交流的大通道。"一带一路"倡议内涵丰富，涉及投资、经济特区等多个领域，该倡议将缩短陆地及海上的交通里程，便利货物运输，提升物流水平。各国参与建设的亚投行和中国设立的丝路基金，就是为促进亚太地区经济一体化，特别是为打通亚洲互联互通及区域合作提供资金支持。

其次，"一带一路"有利于深化亚洲区域经济合作，推动亚洲经济实现可持续发展。"一带一路"是一个合作发展的倡议，是以经济发展为主轴，打造亚洲经济整体振兴的两翼，创造出中国与亚洲及其他区域在政治、经济、文化相互融合的命运共同体。"一带一路"涵盖亚洲近30个国家和地区，总人口40多亿，将产生巨大的经济红利。仅仅在公路、铁路、港口、油管、桥梁、输电网络、光缆传输等基础设施互联互通上，就会衍生庞大商机。共同建设"一带一路"有利于全面深化亚洲经济合作，形成互补共赢的合作新局面。

再次，"一带一路"有利于形成立足亚洲、辐射周边、面向全球的亚洲高标准自由贸易区网络。在"一带一路"的推动下，中日韩自贸区谈判

① 沈铭辉.亚太区域双轨竞争性合作:趋势、特征与战略应对[J].国际经济合作,2016,3.

有望取得进展,进而推动东亚区域经贸一体化进程。在共建 21 世纪海上丝绸之路的过程中,中国-东盟自贸区升级版和区域全面经济伙伴关系等合作共识也将不断升华。而连接中印两大市场的孟中印缅经济走廊,能够以沿线中心城市为依托,以铁路公路为载体和纽带,加快推进区域内投资贸易及农业、工业、旅游、交通、信息等产业合作,构建沿线优势产业群和边境经济合作区。与已成形的中巴经济走廊南北呼应,有效促进各类资源和生产要素的跨区域、跨国流动,形成优势互补、共同发展的区域经济体新格局[①]。

最后,"一带一路"夯实了亚洲经济一体化的社会基础。其一,"一带一路"倡议提供了更多的就业岗位、更高的收入。中国企业已经在 20 多个国家建设 56 个经贸合作区,为有关国家创造近 11 亿美元的税收和近 18 万个就业岗位。其二,在"一带一路"倡议的推动下,沿线国家陆上、海上、天上、网上交通四位一体联通,方便了沿线国家的交往与经济合作。其三,"一带一路"倡议还在推动跨越"数字鸿沟"、教育减贫、普惠金融、改善生态、发展特色旅游、加强文化交流、开展医疗合作、更多民众分享经济全球化一体化"蛋糕"等方面释放积极红利,使那些过去"被全球化遗忘的角落"获得重大发展机遇。这些红利夯实了沿线国家参与的民意基础,成为"一带一路"建设加速推进的拉动力。其四,在"一带一路"倡议的推动下,亚洲区域统一大市场加速形成。上海合作组织、中国-中东欧"16＋1"合作机制、中日韩自由贸易合作机制、中国-东盟"10＋1"、亚太经合组织、中阿合作论坛等多边合作机制正在推动所属经济体发展战略与中国"一带一路"倡议对接,形成以"一带一路"为脊梁的更大范围内的自由贸易区[②]。

---

① 李建平."一带一路"加速亚洲经济一体化进程[EB/OL].新华丝路网,2016-03-01. http://silkroad. news.cn/2016/0301/18565.shtml.

② 罗江."一带一路"推动亚洲区域经济一体化逆势发展[EB/OL].新华网,2018-04-08. http://www. xinhuanet.com/world/2018-04/08/c_1122651017.htm.

三、推动亚太自贸区建设,引领亚洲区域经济一体化发展进程

在全球经济遭遇巨大挑战,全球政治经济版图转型的历史时期,欧美发达国家掀起逆全球化风暴,全球区域经济关系也随之从以西方发达国家为主导向发达国家与发展中国家平衡的趋势转变。尤其是亚洲地区的地缘政治与经济发展的关系错综复杂,其不仅在政治交往上应摒弃前嫌,经济方面更要将 TPP 搁浅与 RCEP 谈判进程缓慢发展视为建构 FTAAP(亚太自贸区)的绝佳机遇。根据彼得森经济研究所 Petri 等研究人员的建模分析,不论是 RCEP 还是 TPP,释放的经济红利都远远小于亚太自贸区。对中国而言,FTAAP 所带来的收益是 RCEP 的 2.7 倍;对美国而言,FTAAP 带来的收益是 TPP 的 2.5 倍①。FTAAP 能够满足区域内各经济主体经济发展需求,具有促进亚太区域经贸合作并扩大区域投资市场的现实意义。当然,亚太自贸区的经济收益和福利效应应更多地来自非关税壁垒的削减,以及贸易与投资自由化后具有比较优势产业和拥有比较利益部门的产出与要素收入的增加。唯有如此,才能确保亚太经济一体化进程持续前进的动力和活力②。

中国主导的 FTAAP 应在充分考虑各经济主体不同利益的前提下,结合 RCEP 与 TPP 各自的优势与劣势,既要“向上”努力与 TPP 高标准的贸易规则看齐,引领加入 FTAAP 的各成员国能够适应未来全球新型经济治理的轨道,又要“向下”照顾到 RCEP 的传统第一代贸易规则,帮助发展中国家以循序渐进的方式迈向更高贸易等级,找到 TPP“高标准”与 RCEP“灵活性”之间的折中道路,最终整合两者双轨竞争的分裂局面,弥合区域内制度框架的裂痕,重塑高标准严规则的亚太自贸区,回归 APEC 框架,避免其他封闭性合作机制造成的出口限制和贸易转移

---

① 　王辉耀,苗绿等.FTAAP:后 TPP 时代的最佳选择? [N].社会科学报,2017-01-29.
② 　王金波.亚太区域经济一体化的路径选择——基于经济结构的分析[J].国际经济合作,2016, 11.

等不利影响①。亚太地区建立高标准、宽领域的自贸区,加快"边界上"贸易、投资自由化和便利化,促进"跨边界"区域互联互通,改善"边界后"商业环境,有利于本地区复杂 RTAs/FTAs 网络的整合,为世界经济开辟新的道路,推动区域经济一体化的发展②。

四、积极参与 RCEP 谈判,提升亚洲区域经济一体化水平

作为由东盟主导的 RCEP,从即将"诞生"之际中国就对其表示了极大的热情。中国是第一个同东盟启动自贸区谈判的国家,2010 年中国-东盟自贸区全面建成,成为发展中国家之间最大的自由贸易区,并于 2015 年签署中国-东盟自贸区升级《议定书》。得益于此,双方贸易额由 2003 年的 782 亿美元增长到 2017 年的 5 148 亿美元。自 2009 年以来,中国连续保持东盟第一大贸易伙伴地位,东盟则自 2011 年以来一直是中国第三大贸易伙伴。双方在教育、文化、旅游、科技等其他领域的合作同样硕果累累。中国和东盟双向游客人次由 2016 年的 3 000 多万增至 2017 年的近 5 000 万,再创新高。目前,双方互派留学生已超过 20 万。中国在东盟国家设立的文化中心已增至 6 个,并在东盟国家建立了 33 个孔子学院和 35 个孔子课堂③。中国-东盟关系已成为东盟同对话伙伴关系中最具活力、最富内涵的一组关系,有力地增进了中国与东盟 20 多亿民众的共同福祉,中国-东盟命运共同体建设对亚洲命运共同体、人类命运共同体建设具有重要示范意义。

目前,RCEP 进展缓慢,虽然 RCEP 的成员国是以东盟为圆心的国家集团,但日本、韩国、澳大利亚、新西兰等发达国家的加入使 RCEP 内部制定的贸易规则与合作机制很难协调,成为导致 RCEP 谈判进程缓慢

① 于潇,孙悦.逆全球化对亚太经济一体化的冲击与中国方案[J].南开学报(哲学社会科学版),2017,6.
② 康永信.亚太经济一体化发展动态与中国 FTA 战略[J].未来与发展,2016,12.
③ 杨秀萍.创新促合作 发展谋新篇——构建更为紧密的中国-东盟命运共同体[N].人民日报,2018-02-07.

的重要原因。此外，就谈判的内容而言，RCEP 谈判不仅包括关税减让和贸易自由化，还涉及原产地规则、知识产权保护、争端解决机制等多方面问题。因此，修改、完善国际经贸规则，推动各国国内相关政策有效协调与合作成为不能回避的重要问题[①]。中国作为最大的发展中国家及亚太区域的重要力量之一，首先应充分借助 RCEP 谈判进一步巩固与东盟双边互惠关系。特别是，在中国-东盟自贸区建设取得巨大成果的基础上，中国应创造更加便利的贸易条件，进一步扩大贸易规模，同时，应不断完善投资促进和服务体系，加快推进投资便利化进程，深化投资合作。其次，在 RCEP 谈判中积极维护东盟在 RCEP 谈判中的核心地位，并继续与其他东亚国家一起培育和发展"亚洲价值观"[②]。第三，参与制定合适的 RCEP 规则和进程。虽然 RCEP 为东盟国家提出并主导，但是中国应该积极参与制定 RCEP 的规则和进程。中国-东盟自贸区作为目前人口最多、市场最大的自由贸易区，在 RCEP 的建设中占有重要地位。中国应积极落实《中国-东盟全面经济合作框架协议》，并以此为基础参与制定 RCEP 规则。在 RCEP 的建设进程上，也应充分表达中国的意见来稳步推进 RCEP 建设，实现共赢[③]。最后，中国在推进RCEP 前进的过程中，除应该注重引导协定与国际规则接轨、推进新规则持续升级与实施转变外，一方面，有必要在此基础上扩大 FTA 覆盖的范围，另一方面，就是要提升 RCEP 的标准，具体包括货物、服务、投资、甚至知识产权、技术合作和争端解决等方面。对 RCEP 来说，海关措施、知识产权、竞争政策、电子商务、经济技术合作等条款也是未来谈判必然要涉及的议题。考虑到地区多样性，RCEP 可以采取分阶段谈判的方式，先谈判签署基础协议，再采取一揽子协议方式，进而最终提高协议的全面性。而高标准就是要提高上述各方面的开放度和自由度，如全面

① 张彬,张菲.RCEP 的进展、障碍及中国的策略选择[J].南开学报(哲学社会科学版),2016, 6.
② 匡增杰.亚太经济一体化发展动态及中国的参与战略[J].上海对外经贸大学学报,2014, 2.
③ 漆莉.RCEP:中国推进东亚经济合作的机遇与对策[J].亚太经济,2013, 1.

的货物贸易减免税、取消非关税壁垒、服务贸易采用负面清单等①。

五、加快与主要经济体建立双边 FTA,创造良好的国际贸易环境

目前美国明确了转向双边谈判来获得更加有利贸易条件的政策取向,下一步有可能启动与日本的自由贸易谈判,并且修订北美自由贸易区(NAFTA)、美韩 FTA 等合作机制的内容。日韩早已采取了与主要经济体签署双边 FTA 的策略,韩国与美国、欧盟、中国分别签署了 FTA,日本开始加快与欧盟的 FTA 谈判,因此,与主要经济体签署双边 FTA 是大国普遍采取的策略。中国应积极适应这一趋势,调整建立双边 FTA 的战略布局,通过与主要经济体建立双边 FTA,达到自由贸易区全覆盖的局面,为我国社会经济发展和对外经济合作创造有利条件。

中日韩自由贸易区建设是中国参与亚太乃至全球区域经济一体化策略的重要组成部分②,中国应加快推进中日韩自贸区谈判进程,早日建立中日韩自贸区。首先,中国要以大国姿态积极地加快推进中日韩自贸区谈判进程,在领土争端问题上加强和日本的对话协商,让日本意识到妥善解决领土争端问题、加快进行中日韩自贸区谈判、早日建立中日韩自贸区,不仅可以形成 3 国之间稳定的、深层次的经济联系,增进相互之间的信任,而且可以避免彼此在东北亚地区发生政治或军事冲突,这也符合日本的长远利益。其次,在中日韩自贸区谈判中,应采取灵活策略,遵循"先易后难、循序渐进"的原则,如对于长期困扰中日韩 FTA 谈判的敏感产业问题,可借鉴中国与东盟自贸区中实行的"早期收获"模式,先签订"早期收获计划",减免部分产品关税,然后逐步扩展到服务

---

① 沈铭辉.亚太区域双轨竞争性合作:趋势、特征与战略应对[J].国际经济合作,2016, 3.
② 匡增杰.亚太经济一体化发展动态及中国的参与战略[J].上海对外经贸大学学报,2014, 2.

贸易、投资和贸易便利化等领域,使各方尽快分享贸易自由化带来的利益,从而为进一步深化合作树立信心①。最后,鉴于当前中日以及日韩利益诉求相差较大、在短期内很难达成一致,建议率先启动中韩自贸区,以此推动中日韩自贸区的建立,这是较为切实可行的次优路径选择。这不仅将推动中韩两国自由贸易的发展,而且将产生一系列的连锁反应和示范效应,带动日本主动加入中韩自由贸易区,最终使中日韩自由贸易区的建立水到渠成②。

---

① 徐长文.建立中日韩自贸区促进亚洲一体化进程[J].国际贸易,2013,4.
② 崔日明,包艳.建立中日韩自由贸易区的路径选择[J].亚非纵横,2007,2.

第八章
迈向亚洲命运共同体：亚洲经济
一体化的未来

亚洲经济一体化虽起步较晚但发展相对较快，区域内贸易比重和FDI流入量份额均超55%[1]，已形成相对复杂的FTA网络。尽管"逆全球化"思潮渐起，经济全球化的历史趋势和基本方向还是没有发生根本性改变，只是在对前进中客观存在的发展失衡、公平赤字、治理困境等问题的深刻反思中，逐步走向更加开放、包容、普惠、平衡、共赢的新阶段。2016年G20峰会"杭州共识"决心构建创新、活力、联动、包容的世界经济，为经济全球化进程注入新动力。而亚洲的发展正处在关键时期，依然需要进一步促进贸易投资自由化、便利化，提升区域经济一体化水平。立足共同发展、核心内涵与包容性全球化高度吻合的命运共同体，也就成为域内经济体极富文明多样性、发展差异化的亚洲经济一体化继续前行的新方向。

第一节　迈向亚洲命运共同体：亚洲经济一体化新方向

从2011年《中国的和平发展》白皮书首次提出，"以命运共同体的新视角"，"寻求各国合作应对多样化挑战和实现包容性发展的新道路"，[2]到2012年中国共产党第十八次代表大会明确，"倡导人类命运共同体意

---

① 数据来源于亚洲开发银行《亚洲经济一体化报告2017》。
② 国务院新闻办公室.中国的和平发展[N].光明日报,2011-09-07.

识"，在谋求自身发展中促进共同发展，[1]再到 2015 年习近平在第 70 届联合国一般性辩论上发表《携手构建合作共赢新伙伴　同心打造人类命运共同体》的讲话，"构建人类命运共同体"的基本理念和中国方案得到世界越来越多的国家的认同和接受，并在 2017 年被首次写入联合国决议之中。第 71 届联大主席和联合国秘书长明确表示，联合国愿同中国共同实现构建人类命运共同体的伟大理想。[2]号称"世界经济风向标"的达沃斯世界经济论坛，2018 年年会延续习近平 2017 年年会对"构建人类命运共同体"的倡导，将主题确定为"在分化的世界中打造共同命运"。习近平还在世界经济深刻调整、经济全球化遭遇波折、再次面临历史性选择之际，先是于 2018 年 11 月以"新时代，共享未来"为主题的首届中国国际进口博览会上明确表示，中国推动构建人类命运共同体的脚步不会停滞，后又在 G20 领导人布宜诺斯艾利斯峰会上进一步强调，"各国走向开放、走向融合的大趋势没有改变"，"各国相互协作、优势互补是生产力发展的客观要求，也代表着生产关系演变的前进方向。在这一进程中，各国逐渐形成利益共同体、责任共同体、命运共同体"，"携手合作、互利共赢是唯一正确选择"。[3]

　　无论对中国而言，还是对其他亚洲经济体来讲，"通过迈向亚洲命运共同体，推动建设人类命运共同体"[4]，均是践行"命运共同体"理念并使之真正由共识转化为行动的相对便捷且有效的优先路径。从 2013 年习近平强调，亚洲合作需更进一步，应"牢固树立命运共同体意识"[5]，到 2014 年李克强提出，结成亚洲利益共同体、形成亚洲命运共同体、打造

①　胡锦涛.坚定不移沿着中国特色社会主义道路前进 为全面建成小康社会而奋斗[N].人民日报,2012-11-18.
②　郝薇薇,等."历史是勇敢者创造的"——记习近平主席出席世界经济论坛 2017 年年会并访问在瑞士的国际组织[N].人民日报,2017-01-20.
③　习近平.登高望远,牢牢把握世界经济正确方向[N].人民日报,2018-12-01.
④　习近平.迈向命运共同体　开创亚洲新未来[N].人民日报,2015-03-29.
⑤　习近平.共同创造亚洲和世界的美好未来[N].人民日报,2013-04-08.

亚洲责任共同体[①],再到 2015 年习近平发表《迈向命运共同体 开创亚洲新未来》的主旨演讲,致力于推动亚洲区域经济进一步整合的博鳌亚洲论坛年会见证了"亚洲命运共同体"理念的形成与发展。习近平在博鳌亚洲论坛 2018 年年会上进一步强调,希望"各国人民同心协力、携手前行,努力构建人类命运共同体,共创和平、安宁、繁荣、开放、美丽的亚洲和世界"。[②]

而区域经济一体化和命运共同体建设相辅相成、互为促进,共建"一带一路"则能够将二者有机融合在一起,既是践行的支点,也是推进的路径。随着"一带一路"倡议在亚洲的率先推进,尤其是与亚洲各国发展战略的有效对接以及契合各方共同利益的早期收获的逐渐取得,不但使亚洲各国更为真切地感受到"亚洲命运共同体"的理念和好处,而且亚洲经济一体化的推动力在构建命运共同体新方向的引导下也在进一步增强。

一、人类命运共同体的基本内涵和共建"一带一路"的新型合作实践

作为在经济全球化推动下形成,存在诸多差异的各个国家间彼此联系、高度融合,命运与共、休戚相关的"你中有我、我中有你"的依存关系,"人类命运共同体"呈现出多维度、综合性特征。习近平不仅在 2015 年第 70 届联合国一般性辩论上对打造人类命运共同体的内涵进行了全面阐述,还在 2017 年联合国日内瓦总部的演讲中系统探讨了构建人类命运共同体的原则与目标:强调以全人类的共同价值即和平、发展、公平、正义、民主、自由为基础,构建以合作共赢为核心的新型国际关系;从建立平等相待、互商互谅的伙伴关系,营造公道正义、共建共享的安全格局,谋求开

---

① 李克强.共同开创亚洲发展新未来[N].人民日报,2014-04-11.
② 习近平.开放共创繁荣 创新引领未来——在博鳌亚洲论坛 2018 年年会开幕式上的主旨演讲[N].人民日报,2018-04-11.

放创新、包容互惠的发展前景，促进和而不同、兼收并蓄的文明交流，构筑尊崇自然、绿色发展的生态体系5个方面努力；①坚持打造对话协商、共建共享、合作共赢、交流互鉴、绿色低碳，建设持久和平、普遍安全、共同繁荣、开放包容、清洁美丽的世界。②其中，构建伙伴关系是主要途径、实现共同安全是重要保障、坚持合作共赢是基本原则、促进文明交流是牢固纽带、推动可持续发展是必要条件；它们相辅相成、互为促进、缺一不可，共同形成打造人类命运共同体的总布局和总路径。③

而共建"一带一路"倡议，传承"和平合作、开放包容、互学互鉴、互利共赢"的丝绸之路精神，既能推动共同发展的新型合作，也是中国倡导的人类命运共同体理念的具体实践。习近平在2017年"一带一路"国际合作高峰论坛圆桌峰会上明确表示，共建"一带一路"倡议提出的初衷和重要目标就是在这一国际合作框架内，秉持共商、共建、共享原则，互利共赢，不断朝着人类命运共同体方向迈进。④他还在2018年8月推进"一带一路"建设工作5周年座谈会上进一步强调，以共建"一带一路"为实践平台推动构建人类命运共同体，并明确指出，共建"一带一路"彰显了同舟共济、权责共担的命运共同体意识，反映了各国特别是广大发展中国家对促和平、谋发展的愿望；不仅是经济合作，而且是完善全球治理、推动经济全球化健康发展的重要途径；要坚持对话协商、共建共享、合作共赢、交流互鉴，谋求合作的最大公约数，推动共建"一带一路"走深走实，造福沿线国家人民，推动构建人类命运共同体。⑤而携手推动"一带一路"新型国际合作，也的的确确把沿线各国人民紧密联系在一起，合作共赢、共同发展、共享成果，为构建人类命运共同体注入了强劲

①　习近平.携手构建合作共赢新伙伴　同心打造人类命运共同体[N].人民日报，2015-09-29.
②　习近平.共同构建人类命运共同体[N].人民日报，2017-01-20.
③　王毅.携手打造人类命运共同体[N].人民日报，2016-05-31.
④　习近平.开辟合作新起点　谋求发展新动力[N].人民日报，2017-05-16.
⑤　赵超,等.坚持对话协商共建共享合作共赢交流互鉴　推动共建"一带一路"走深走实造福人民[N].人民日报，2018-08-28.

动力。①联合国安理会第 2344 号决议呼吁,通过实施"一带一路"倡议加强区域经济合作。来自 29 个国家的国家元首、政府首脑,130 多个国家和 70 多个国际组织的 1 500 多名代表参加 2017 年首届"一带一路"国际合作高峰论坛。截至 2018 年 6 月,累计有 103 个国家和国际组织与中国签署 118 份"一带一路"合作文件;"一带一路"倡议提出 5 年来,中国与共建"一带一路"国家货物贸易额累计超过 5 万亿美元、年均增长 1. 1%,已成为 25 个共建"一带一路"国家的最大贸易伙伴,对外直接投资超过 700 亿美元、年均增长 7.2%,与 17 个国家核准《"一带一路"融资指导原则》,建设的境外经贸合作区总投资 289 亿美元,为当地创造了 24.4 万个就业岗位、20.1 亿美元税收。2017 年首届"一带一路"国际合作高峰论坛的 279 项成果中已有 265 项完成或转为常态工作、落实率达 95%。②共建"一带一路"以其平等包容的外在特征和契合实际的内在特点③,从无到有、由点及面,跨越不同地域、不同文明,囊括不同发展阶段的经济体,进展和成效均远超预期,正在向落地生根、持久发展的阶段迈进和向高质量发展转变④,不仅已成为国际社会面向未来的国际合作新共识和共建"一带一路"国家实现共同发展的国际合作新平台,还以合作的平等性、开放性、普惠性成为各国共同打造的全球公共产品和更好推进"构建人类命运共同体"的重要路径及现实选择。

二、亚洲经济一体化的现实困境和构建亚洲命运共同体的新方向引领

亚洲经济一体化发展相对滞后,很大程度上是由于人口和面积均居

---

① 习近平.在"一带一路"国际合作高峰论坛圆桌峰会上的闭幕辞[N].人民日报,2017-05-16.
② 陆娅楠.一带一路,朋友多、路好走[N].人民日报,2018-08-28.
③ 推进"一带一路"建设工作领导小组办公室.共建"一带一路":理念、实践与中国的贡献[N].法制日报,2017-05-11.
④ 赵超,等.坚持对话协商共建共享合作共赢交流互鉴 推动共建"一带一路"走深走实造福人民[N].人民日报,2018-08-28.

世界首位的亚洲域内经济体的差异性、多样化和复杂度异常明显。这不仅包括相对较大的经济发展差距，使经济合作的基本态度和主要目标、利益诉求和妥协承受能力存在较大分歧，经济政策的协调和融合更为不易，还包括意识形态、经济体制和政治制度的差异，尤其宗教信仰有别、发展道路多元、文明多样，域外大国利益集中、外部依赖相对较强、非传统安全挑战增加，地缘政治敏感而复杂，安全利益和诉求同样分歧较大。这也意味着，尽管在不同的时间阶段程度不尽相同，亚洲经济一体化还是相对较多地受到现实非经济尤其是安全和域外因素的影响与牵制，亚洲共同意识和身份认同相对欠缺。需要强调的是，2008年全球金融危机爆发后亚洲经济活力的不断增加和潜力的逐步显现以及整体性崛起，进一步强化了区域内包括域外大国在内的战略博弈的复杂性和激烈度。而中国经济实力和国际地位的不断提升，使亚洲经济体的实力对比进一步变化，发展的不平衡性凸显。一方面，亚洲经济体对中国的期待和疑虑同步增加，既希望分享更多中国发展红利，又担忧自身发展空间被中国所挤占，既希望中国承担更多地区责任，又担忧自身发展会更多依附于中国。另一方面，域内经济体为此所各自进行的战略调整及其相应产生的放大效应和利益博弈，使诉求协调的难度和区域经济一体化的不确定性进一步增加。也正因如此，以合作共赢、共同发展为核心和理念的亚洲命运共同体的构建，更符合亚洲经济一体化的现实特点，能够更为合理而有效地引领亚洲经济一体化的方向和进程，助力其现实发展困境的突破。

　　亚洲经济一体化的进一步推进迫切需要缩小内部发展差距，解决发展的不平衡、增长的不均衡问题。早在2009年亚洲开发银行关于亚洲基础设施的评估报告就已强调，亚洲大部分经济体基础设施质量低于世界平均水平（见表8-1），如果这一状况得不到显著改善，就会继续成为增长的瓶颈。①根据其2017年的报告，亚洲基础设施建设依然存在明显

---

① Asian Development Bank and Asian Development Bank Institute, Infrastructure for a Seamless Asia, Tokyo: Asian Development Bank Institute, 2009: iii.

表 8-1　2008 年亚洲基础设施质量与世界的比较

地区/国家	基础设施总体水平	公路	铁路	港口	机场	供电设施
世界平均	3.8	3.8	3.0	4.0	4.7	4.6
亚洲平均	3.8	3.7	3.6	3.9	4.6	4.1
中亚平均	3.5	3.1	3.6	3.2	4.2	3.6
塔吉克斯坦	3.2	2.6	3.3	1.6	3.5	1.7
哈萨克斯坦	3.5	2.5	3.6	3.2	3.7	4.3
阿塞拜疆	3.9	3.7	4.0	4.2	5.2	3.9
东亚平均	4.6	4.7	4.8	4.8	5.1	5.3
蒙　古	1.7	1.4	2.1	2.4	2.7	2.9
中国内地	3.9	4.1	4.1	4.3	4.4	4.7
中国香港地区	6.3	6.4	6.2	6.6	6.7	6.7
南亚平均	2.9	3.1	2.8	3.4	4.2	2.8
尼泊尔	1.9	1.9	1.3	2.9	3.5	1.7
印　度	2.9	2.9	4.4	3.3	4.7	3.2
巴基斯坦	3.1	3.5	3.0	3.7	4.2	2.5
东南亚平均	4.2	4.2	3.2	4.3	5.1	4.7
越　南	2.7	2.6	2.4	2.8	3.9	3.2
印度尼西亚	2.8	2.5	2.8	3.0	4.4	3.9
新加坡	6.7	6.6	5.6	6.8	6.9	6.7

- 注：得分 1＝不发达，7＝按国际标准为广泛和有效。
资料来源：Asian Development Bank and Asian Development Bank Institute, Infrastructure for a Seamless Asia, Tokyo: Asian Development Bank Institute, 2009, p.51。

差距，许多经济体因港口、铁路、道路不足而无法与更广阔的国内外市场高效连通；如果保持现有增长势头，即使排除气候调整的基准预测，从 2016 年到 2030 年亚洲发展中经济体的基础设施建设投资需求也将超过 22.6 万亿美元，较之 2009 年报告所预测的 2010—2020 年平均每年 7 500 亿美元翻了一番。[①]从 2016 年 1 月正式开业至 2017 年 12 月，亚洲基础设施投资银行已实现 4 次扩容，成员由 57 个增加为 84 个，在

① Asian Development Bank, Meeting ASIA's Infrastructure Needs, Manila: Asian Development Bank, 2017：xi.

菲律宾、缅甸、印尼、巴基斯坦、孟加拉国、印度、塔吉克斯坦等 12 个成员展开贷款总额合计 42 亿美元的 24 个基础设施投资项目,且仅有 1 个项目隶属非亚洲经济体。①基础设施互联互通,不仅有利于边界自然障碍的拆除、生产要素的自由流动、内部市场的有机整合、密切相互之间尤其相对落后的内陆次区域之间的经贸联系、减少贸易运输成本,还能够形成规模经济效应、挖掘并释放贸易投资合作潜力、扩大区域经济合作受益面、促进区域均衡发展,为亚洲经济一体化开拓新机遇、提供新动能。

亚洲经济一体化与地区的政治及安全合作紧密相连,进一步推进还需要切实加强政治互信,改变政治安全合作长期滞后于经济合作的现实状况,尽可能形成二者的良性互动。而亚洲命运共同体的构建,不但要打造责任共同体,而且要筑牢人文共同体,强调相互尊重、公平正义、合作共赢的新型国际关系和具有基础作用及推动力量的社会人文交流与沟通,摒弃以邻为壑的思维方式,推进深层次对话与合作。2015 年亚信峰会"上海宣言"形成"共同、综合、合作、可持续"的亚洲安全观,强调"共同努力推进地区一体化";2017 年中国-东盟领导人会议正式宣布启动"南海行为准则"案文磋商,继 2018 年 8 月宣布形成"南海行为准则"单一磋商文本草案后,同年 11 月的领导人会议一致同意 2019 年内完成对"南海行为准则"单一磋商文本草案的第 1 轮审读,亚洲经济体的战略重心进一步向发展转移。以菲律宾为例,中国与菲律宾的关系由 2016 年的"转圜"到 2017 年的"巩固"再到"提升"②,2018 年 11 月双方一致决定建立中菲全面战略合作关系,经济合作的潜力得以迅速释放,并展现出更加广阔的发展前景。2017 年中国跃居菲律宾第 1 大贸易伙伴,双边贸易额首次突破 500 亿美元;2018 年前 5 个月,中国对菲律宾新增投

---

① 和佳.亚投行这两年:重塑全球经济治理体系 为新兴经济体代言[N].21 世纪经济报道,2018-01-16.
② 习近平在会见来华参加 2018 年 4 月博鳌亚洲论坛年会的菲律宾总统杜特尔特时的讲话。

资1.65亿美元,是同比激增67%的2017年全年的3倍多;11月习近平访问菲律宾期间,共签署《关于共同推进"一带一路"建设的谅解备忘录》《关于油气开发合作的谅解备忘录》《基础设施合作规划》《文化合作协定2019年至2023年执行计划》等29项合作文件。而异质文化在交流碰撞基础上的吸纳认同构成了整合国际关系的重要因素。①亚洲经济体的"亚洲游"②特征突出,2016年超过70%的亚洲出境游是在亚洲内部进行,2017年中国入境外国游客中有74.6%来自亚洲。③亚洲区域内人文交流的日渐密切,尤其是更多选择通过沟通与协商解决相互之间的分歧,也充分反映出构建亚洲命运共同体是域内各经济体谋求共赢、和平、繁荣的共同利益诉求和民心所向,有利于共识的达成与扩大、战略互信的建立与深化和新型合作机制的形成与发展,为区域经济一体化提供更为基础性的支撑和更加强劲的动力,产生"1+1>2"的叠加效应甚至"2×2>4"的乘数效应④。

第二节　亚洲经济一体化推进的现实路径

亚洲区域经济合作大体可分为亚洲整体、次区域(如东亚)、经济体各自展开3个不同层次。尤为重要的是,作为亚洲区域内无论经济发展还是经济合作都相对更为活跃的东亚次区域,其与覆盖太平洋东岸经济体的相对整体性的跨区域经济一体化,如TPP(跨太平洋伙伴关系)、CPTPP(全面且先进的TPP)、FTAAP(亚太自由贸易区),均是亚洲经济一体化无法忽视的客观存在,已有"东亚轨道""亚太轨道"之争。

双边/多边FTA不但谈判伙伴相对较少,而且构建对象均为成员

① 张骥,等.国际政治文化学导论[M].世界知识出版社,2005:27.
② 博鳌亚洲论坛.亚洲经济一体化进程2018年度报告[R].对外经济贸易大学出版社,2018:54.
③ 数据来源于亚洲开发银行《亚洲经济一体化报告2017》和中国国家旅游数据中心。
④ 李克强.共同开创亚洲发展新未来[N].人民日报,2014-04-11.

从自身利益出发的主动选择，可以相对便捷地达成共识并快速取得相对明显的成效。因此，更多由市场驱动的亚洲区域经济合作与区域经济一体化在全球的发展大体一致，同样以双边/多边 FTA 为基本形式和主要内容，已形成复杂的 FTA 网络，而"轮轴—辐条"效应也使亚洲经济体或主动或被动地"醉心"于自身的 FTA 网络，整体的区域经济一体化构建难度相应加大。虽然亚洲次区域的制度性经济一体化进程相对较快，但无论纳入澳大利亚、新西兰、印度的泛东亚区域的RCEP（区域全面经济伙伴关系），还是具有亚太属性的 TPP-CPTPP、FTAAP，都在某种程度上意味着亚洲经济一体化的现实推进路径呈现出明显的多层次、多框架并存的"多向化"特征，博弈氛围相对较浓，整合更是极为不易。

一、FTA 网络

亚洲经济一体化在进入 21 世纪后呈现出相对较快的发展速度，并在"逆全球化"思潮渐起之时，因"一带一路"倡议的落地实施而展现出不同于北美、欧洲的全区域加速发展态势[1]。区域基础设施的互联互通和东盟经济共同体、5 个"10＋1"FTA、南亚区域合作联盟、海湾合作委员会（简称"海合会"）、欧亚经济联盟建设，正在为亚洲统一大市场的形成和整体性经济一体化提供极为必要的基础性支撑。根据亚洲开发银行的统计数据，其亚太地区成员已签署并生效的 FTA（见表 8-2），1976 年只有 1 个，1997 年亚洲金融危机爆发时也仅为 33 个，到 2008 年全球金融危机爆发时已上升为 97 个，2017 年进一步扩张为 150 个。正如多米诺骨牌效应所反映的双边 FTA 会因受到激发而接连发生[2]，亚洲的双边/多边 FTA 已呈现出"圈套相连"的复杂格局。

① 博鳌亚洲论坛.亚洲经济一体化进程 2018 年度报告[R].北京：对外经济贸易大学出版社,2018:54.
② 马述忠,等.双边自由贸易区热的政治经济学分析——一个新区域主义视角[J].世界经济研究,2007,10：53.

表 8-2　2017 年亚洲开发银行亚太地区成员已签署并生效的 FTA

经济体	签署并生效 FTA(个)	经济体	签署并生效 FTA(个)	经济体	签署并生效 FTA(个)
新加坡	21	印度	13	澳大利亚	12
马来西亚	14	巴基斯坦	10	新西兰	11
印度尼西亚	9	尼泊尔	2	巴布亚新几内亚	4
泰国	13	不丹	2	库克群岛	2
菲律宾	7	孟加拉国	3	斐济	3
文莱	8	斯里兰卡	5	基里巴斯	2
老挝	8	马尔代夫	1	马绍尔群岛	2
柬埔寨	6	阿富汗	2	密克罗尼西亚	3
缅甸	6	亚美尼亚	11	瑙鲁	2
越南	10	阿塞拜疆	10	帕劳	2
日本	15	格鲁吉亚	12	萨摩亚	2
韩国	16	哈萨克斯坦	11	所罗门群岛	3
中国内地/大陆	16	吉尔吉斯斯坦	11	汤加	2
中国香港地区	5	塔吉克斯坦	8	图瓦卢	2
中国台湾地区	7	土库曼斯坦	6	瓦努阿图	3
蒙古	1	乌兹别克斯坦	10		

• 资料来源:根据亚洲开发银行的数据整理而成。

　　在东亚次区域,东盟不但与亚洲最为重要的经济体中国、日本、韩国和印度以及泛东亚的澳大利亚-新西兰均已建立 FTA,而且正积极主导并努力推动纳入上述 6 国的 RCEP 谈判并取得实质性进展,在次区域经济一体化乃至亚洲区域经济合作中居于毋庸置疑的"轮轴"地位;而其成员国新加坡,除与中国、日本、韩国、印度、澳大利亚、新西兰单独建立 FTA 外,还分别与西亚次区域的海合会、约旦和对亚洲经济具有极为重要影响的美国建立了 FTA,已在某种程度上成为除东盟外亚洲 FTA 网络的"轮轴国"。从未放弃谋求区域经济合作主导权的日本,所构建的 FTA 绝大多数隶属东亚次区域及泛东亚区域,且与除老挝、柬埔寨、缅甸外的东盟成员和南亚的印度分别建立了 FTA,并在美国退出 TPP 后以主导者的身份引领 TPP 在剩余 11 国间的生效、最终达成 CPTPP，是东亚次区域 FTA 网络的又一"轮轴国"。在通常所说的南亚次区域，不仅有纳入孟加拉国、不丹、马尔代夫、尼泊尔、巴基斯坦、斯里兰卡、印度全部 7 个经济体且签有南亚自由贸易协定的南亚区域合作联盟，印度还与除巴基斯坦、孟加拉国外的其他经济体单独建立了 FTA，是次区域经济一体化当仁不让的主导者和轮轴国。在西亚次区域，覆盖范围相对较大的经济一体化组织是包括巴林、科威特、阿曼、沙特阿拉伯、阿联酋、卡塔尔 6 个海湾阿拉伯国家的以货物贸易关税同盟存在的海合会。中亚次区域的 5 个经济体，均已加入由西亚和南亚经济体伊朗、阿富汗、巴基斯坦发起的经济合作组织；且作为独联体国家，不但相互间多建有货物贸易 FTA，而且与在远东地区拥有广袤疆域的俄罗斯有着千丝万缕的联系，除签有独联体成员自由贸易区条约之外，还有以货物贸易关税同盟存在并扩至服务贸易的欧亚经济联盟。

二、RCEP

RCEP 是东亚次区域参与成员最多、规模最大的自由贸易协定谈判，共包括东盟 10 国和东亚（也是亚洲最为重要的经济体，包括中国、日本、韩国），并纳入实施"东进"政策、在南亚居于绝对主导地位的印度和泛亚洲国家澳大利亚、新西兰。根据东盟的统计数据，2016 年 RCEP 成员共有 35.3 亿人口、23.8 万亿 GDP，分别占全球 48.4%、31.6% 的份额，并拥有全球 28.5% 的货物贸易、20% 的 FDI 流入。无论是覆盖的经济体范围还是成员的经济体量，RCEP 都是亚洲经济一体化极为重要而现实的推进路径。

截至 2018 年 11 月底，RCEP 谈判共举行 24 轮。货物和服务贸易、投资等核心领域实质性出要价谈判正在进行且已取得显著进展，经济技术合作、中小企业、政府采购、海关程序与贸易便利化、机构规定、卫生与植物卫生措施，标准、技术法规与合格评定程序 7 个章节已达成一致，谈判任务的完成度接近 80％，规则领域有些章节的谈判也已几乎结束。尽管 RCEP 达成实质性共识的时间，从最初的 2015 年底到 2016 年底、2017 年底，再到 2017 年 11 月 RCEP 谈判机制启动以来的首次领导人会议所明确指示的 2018 年底，又到 2018 年 11 月 RCEP 第 2 次领导人会议决心保持积极势头、再接再厉的 2019 年，可谓一拖再拖，现代、全面、高质量、互惠的一揽子经济伙伴关系协定的既定目标还是在波折中面对内外压力得到始终如一的坚持。2018 年 11 月《RCEP 谈判领导人联合声明》不但展现出强烈意愿，强调在当前国际形势下达成 RCEP 的紧迫度和重要性，而且再次重申达成现代、全面、高质量、互惠的经济伙伴关系协定，将寻求创造性、务实、现实、相互可接受并且不损害全面、平衡、具有商业意义成果的解决剩余问题的方案。①

就目前而言，RCEP 协定框架共有货物贸易、原产地规则、海关程序与贸易便利化、卫生与植物卫生措施、标准、技术法规与合格评定程序、贸易救济、服务贸易、自然人移动、投资、竞争、知识产权、电子商务、中小企业、经济和技术合作、政府采购、争端解决 16 个章节和服务贸易金融服务、电信服务 2 个附件。虽未涉及国有企业和指定垄断、环境、劳工议题，但 RCEP 顺应区域经济合作尤其是 FTA 发展的时代潮流，已超越传统自由贸易协定：不仅纳入边界后措施，拆除贸易、投资的非关税壁垒，覆盖知识产权、竞争、政府采购等新兴议题，还强调经济技术合作，推进跨境电子商务。尤为重要的，RCEP 更注重缩小发展差距和实现多边收益最大化，强调考虑成员发展水平，尤其对最不发达成员展示适当的、额外的灵活性；力求在拓宽并深化经济一体化、促进区域经济增长的同时，推动区域经济的公平发展。2017 年 11 月 RCEP 首次领导人会议《驱动经济一体化　促进包容性发展——RCEP 谈判领导人联合声明》进一步明确，以市场准入、规则、合作为 3 大支柱，并保障成员维护合

---

① 具体内容参见 Joint Leaders' Statement on the Regional Comprehensive Economic Partnership (RCEP) Negotiations。

法公共政策目标的权利；重申确保 RCEP 充分发挥潜力，成为推进经济一体化的路径；整合现有"10＋1"FTA，并在尚未构建双边 FTA 的东盟自贸伙伴间建立新的经济联系。①也正是因为自身所具有的包容性、开放性，尤其是高标准的适度性、非歧视与包容度更符合亚洲经济特点，并尽可能兼顾成员发展水平、以各方均感舒适的方式渐进，与参与成员及其相互间既有的及未来的 FTA 并存，使 RCEP 无论规则条款的相对高标准还是可行度，都是亚洲经济一体化极为重要而现实的推进路径。

需要强调的是，RCEP 谈判机制启动以来首次领导人会议设定的时间底线并未产生足够的行动力，其也再次说明整合现有 5 个"10＋1"FTA 的困难程度远超预期。随着东盟经济共同体的宣布建成，尤其逆全球化思潮和全球贸易保护主义的升温，RCEP 谈判的内生动力增强，作为主导者的东盟关于谈判紧迫性的认知和推进其尽快取得重大进展的意愿提高。尽管如此，在 RCEP 谈判步入最后阶段的关键时期，依然未同中国展开双边 FTA 谈判并且始终保持警惕与防范的日本、印度的态度同样关键。日本 CPTPP 在手，并与欧盟签有"经济伙伴关系协定"（EPA），发挥自身规则优势、一步到位形成高标准协定的要求自然相对强烈，在韩国和东盟成员印尼、菲律宾、泰国均有意加入 CPTPP 的情况下，CPTPP 生效后的扩容是否影响日本推进 RCEP 的积极性尚待观察，但既然联合应对贸易保护主义的迫切需求可使日本与欧盟的 EPA 取得突破，也很可能会使日本在 RCEP 谈判中的妥协度与灵活性增加。实施"东进"政策的印度对 RCEP 的态度颇为微妙和复杂，除关税水平相对较高且固守自身国情和产业发展需要外，其国内一直纠结于对华贸易逆差问题，担心自身利益会因中国而受损，2019 年的国内选举是否使其保持

---

① 中国商务部.驱动经济一体化　促进包容性发展——《区域全面经济伙伴关系协定》(RCEP)谈判领导人联合声明[EB/OL].中国自由贸易区服务网. http://fta. mofcom. gov. cn/article/zhengwugk/201711/36157_1.html.

更为审慎的态度同样需要观察。综合分析,尽管压力不小,RCEP谈判于2019年完成的可能性还是相对较大。

三、TPP-CPTPP

TPP共有12个成员,既包括亚洲的日本和东盟成员新加坡、马来西亚、文莱、越南,也包括泛亚洲的澳大利亚、新西兰,还有太平洋东岸的秘鲁、智利、加拿大、墨西哥、美国。虽然协定在2016年2月正式签署,但由于主导者,占有全部TPP创始签署方2013年GDP总量60%份额的美国于2017年1月正式宣布退出,按照其"第30章最终条款""6个创始签署方完成各自适用法律程序且其GDP之和占全部创始签署方2013年GDP的85%"的协定最低生效条件,TPP已无生效可能。

而CPTPP正是这一迫不得已的处境下,其他TPP成员既相对尴尬又较为理想的结果。作为TPP中经济体量仅次于美国的成员,亚洲经济大国日本在坚持说服美国转变态度的同时,竭力以主导者的身份引领TPP在剩余11国间的生效。2017年11月APEC(亚太经合组织)领导人非正式会议期间,日本经济再生担当大臣与越南工贸部长共同宣布11国就继续推进TPP正式达成一致,且这一冻结TPP一定条款、更注重全面平衡和完整性的自由贸易协定被正式命名为"全面且先进的TPP"即CPTPP。2018年1月,11国就CPTPP达成最终共识,并在3月正式签署协定。尽管未能尽如日本所愿,CPTPP还是以冻结而非删除TPP条款的形式在美国退出仅仅1年的时间就达成并签署。尤为重要的是,CPTPP的生效条件大为降低,只要其中至少6个或50%的成员完成国内批准程序即可。截至2018年10月底,已有墨西哥、日本、新西兰、加拿大、新加坡、澳大利亚6个成员国完成国内立法程序,按照规定CPTPP将于2018年底正式生效。

美国参与并主导TPP的重要目的之一是实现"亚太再平衡"、构建并推行新的全球贸易规则，日本主导并引领 CPTPP 的重要目的之一是制衡中国、谋求亚洲区域经济合作主导权，二者与东盟主导、中国力推的 RCEP 的博弈不言而喻，尤其 CPTPP 的达成在一定程度上使本就相对复杂的利益格局更为微妙。而之所以将包括为数不少的泛亚洲域外经济体的 TPP-CPTPP 同样视为亚洲经济一体化重要的现实推进路径，还基于以下两方面的考虑。一是就经济体量而言，尽管覆盖 4.98 亿人口的 CPTPP 较之拥有世界 40％的 GDP、30％的贸易总额的 TPP 已大幅缩小，还是分别占有 13.5％、15％的全球份额，影响力依然不容小觑。二是就规则标准而言，TPP 的宽领域、高标准毫无疑问是 21 世纪全球贸易投资规则的标杆，而 CPTPP 基本沿用 TPP 的协定框架和承诺范围，保留逾 95％的 TPP 内容，尤其是货物贸易开放基本坚持 TPP 的水平，暂缓实施的条款主要集中在"第 9 章投资""第 15 章政府采购""第 18 章知识产权"且相当部分为美国所强烈诉求但其他成员存有较大争议，依然不失为全面而严格的自由贸易协定，对全球贸易规则的制定较之其他自由贸易协定相对更具影响力。

四、FTAAP

APEC 拥有亚太地区 21 个经济体共 28 亿人口，2015 年约占世界 GDP 的 59％、贸易总量的 49％。作为进一步深化 APEC 区域经济一体化的主要手段和重要驱动力，FTAAP 毫无疑问是目前立足亚太已开始讨论的覆盖最为广泛的 FTA。2014 年《APEC 推动实现 FTAAP 北京路线图》的批准，意味着全面系统推进 FTAAP 进程的正式开启；而 2016 年集体战略研究报告的发布，则是 FTAAP 各经济体完成的第一个实质性动作[1]。

根据已获通过并在《实现 FTAAP 的可能路径》等声明和宣言中反

---

[1]　中国商务部副部长王受文接受采访时表示。参见：陈光.亚太自贸区建设迈出重要一步[N].国际商报,2016-11-22.

复强调的原则及目标,FTAAP并非狭义范畴的自由化,而是全面的、高质量的,包含并解决"下一代"贸易和投资议题;建立在 APEC 框架之外、与 APEC 自身进程平行推进,并通过包括 TPP、RCEP 在内的现有区域贸易安排等可能路径加以实现;而 APEC 应发挥孵化器作用。显然,以何种路径实现 FTAAP 具有极为重要的意义,RCEP 的现有水平与 FTAAP 的目标仍存在一定的差距。早在美国强力主导 TPP 时就已有学者指出,RCEP、TPP 谁发展得快、发展得好,谁就有可能在亚太区域设立并推行新的有利于自身的贸易规则和标准。[1]就目前进展看,通常认为的实现 FTAAP 的可能路径将在一段时间内演变为 CPTPP 替代 TPP 发挥相应的作用。2016 年《FTAAP 利马宣言》明确,应继续讨论 FTAAP 可能涵盖的要素,并在 2020 年前就相关可能路径对推动实现 FTAAP 的贡献进行评估。

考虑到 TPP-CPTPP、RCEP 成员的差异性,尤其是非 APEC 成员印度和东盟经济体老挝、柬埔寨、缅甸的存在,FTAAP 在推进过程中必会超越现有 APEC 成员。早在 2010 年 APEC 领导人非正式会议就已指出,"在继续推动边界上市场准入自由化的同时,加强跨边界和边界内生产网络的联通"[2]。截至目前,APEC 已将"加强中小企业参与全球生产链""促进全球供应链""促进有效、非歧视和市场导向的创新政策""贸易协定的透明度""供应/价值链中与制造有关的服务"等纳入"下一代"贸易和投资议题。《FTAAP 利马宣言》鼓励以包括 FTA 信息交流机制在内的适当方式,向 APEC 贸易投资委员会报告 FTAAP 可能路径所取得的进展,保持相互之间的开放、透明、包容与借鉴,强调落实能力建设计划,提高成员参与高质量、全面和富有雄心的自由贸易协定的能力。FTAAP 也将会在兼顾与平衡中,相对于 TPP-CPTPP、RCEP 产生

---

① 全毅.TPP 和 RCEP 博弈背景下的亚太自贸区前景[J].和平与发展,2014,5:83.
② 转引自《亚太经合组织第十八次领导人非正式会议宣言》(中国外交部国际司翻译)。

更为积极的整体经济效应，更为有效地缓解亚太区域双边/多边 FTA 网络化的"意大利面碗"效应。尽管 2017 年 APEC 第 25 次领导人非正式会议继续强调致力于全面系统推进并最终实现 FTAAP，2018 年 APEC 第 26 次领导人非正式会议也在关税、非关税措施、服务、投资等领域制订新的政策性倡议，为最终实现 FTAAP 凝聚了共识[①]；但鉴于奉行"美国优先"政策的特朗普对多边贸易协定的消极态度，2018 年 APEC 第 26 次领导人非正式会议也是由美国副总统彭斯代替其出席，且自 APEC 成立并举行领导人非正式会议以来其首次未能发表领导人宣言，FTAAP 能否继续实质性推进还有待进一步观察。

需要强调的有两点。一是虽然纯粹东亚地理范畴的"10＋3"一直未能启动类似 FTA 的制度性经济一体化，但是其已成为东亚区域合作公认的主渠道，并以"东亚共同体"为长远目标，"东亚经济共同体 2020 愿景"也为 2012 年"10＋3"领导人会议所接受。继"东亚经济共同体蓝图"概念文件于 2017 年第 15 届东亚论坛制定之后，李克强在同年第 20 次"10＋3"领导人会议上就推动建设东亚经济共同体提出 6 点建议，时任东盟轮值主席国的菲律宾也在主席声明中表示要以"10＋3"为主渠道、推动 2020 年建成东亚经济共同体愿景。习近平 2018 年参加博鳌亚洲论坛年会时重申，正推动制定东亚经济共同体蓝图。李克强还在 2018 年第 21 次"10＋3"领导人会议上进一步强调扎实推动东亚经济共同体建设，并建议通过"10＋3"经贸部长会渠道，研究东亚经济共同体建设的愿景和推进路径，以更积极的姿态推进中日韩 FTA 谈判，为东亚经济共同体建设注入新活力。[②]二是尽管从理论上讲，南亚区域合作联盟、海合会、欧亚经济联盟都有可能通过自身的进一步发展成为亚洲经济一体化的推进路径，但就目前状况和发展态势看，此种可能性还是仅

---

① 宗赫.巴新 APEC 峰会取得五方面经贸成果[N].中国贸易报,2018-11-20.

② 李克强.在第二十一次东盟与中日韩领导人会议上的讲话[N].人民日报,2018-11-16.

仅停留在理论上。其更大的可能是,通过融入以东亚次区域为主体的经济一体化,共同推进亚洲经济一体化。

第三节　亚洲经济一体化发展前景与展望

目前亚洲对全球经济增长的贡献已超 50%。据国际货币基金组织预测,这一势头至少还将保持 5—6 年;2022 年亚洲新兴和发展中经济体的实际 GDP 增长 6.3%,比全球新兴市场和发展中经济体 5.0%、全球平均 3.8% 的增长速度要快得多。[①]亚洲依然是世界经济增长最快的地区和全球经济增长的引擎。

由于地域辽阔、国家众多、差异巨大等特点,亚洲区域以市场为主要驱动的功能性经济一体化在继续向前推进的同时,以双边/多边 FTA 为主要形式的制度性经济一体化也会相应地加速拓展和深化,跨区域、次区域、双边 FTA 共同发展的相对碎片化的复杂网络状态也会持续下去。即使 RCEP 协定签署、CPTPP 得以生效实施、美国能够相对较快地重返 TPP 或加入 CPTPP、FTAAP 得到进一步的实质性推动,整个亚洲范围内的制度性经济一体化也不会很快实现。尽管如此,随着共建"一带一路"的不断推进,新型合作模式进一步发展,尤其是作为区域经济融合发展基本条件的基础设施互联互通[②]使亚洲自然物理性障碍得以拆除,人文交流新支柱得以夯实,"亚洲命运共同体"共同发展、合作共赢的理念与好处得到更为形象的阐释和更为广泛的认同,推动区域经济一体化深入发展必需的政治意愿也相应提高,亚洲经济一体化的机制整合进一步展开,在迈向亚洲命运共同体的引领下更为有效地步入新阶段。

---

① International Monetary Fund, World Economic Outlook: Seeking Sustainable Growth: Short-Term Recovery, Long-Term Challenges, Washington, DC: International Monetary Fund, October 2017: 242.
② 李克强.共同开创亚洲发展新未来[N].人民日报,2014-04-11.

一、功能性合作进一步充实，亚洲共同意识和身份认同不断增强

亚洲的一体化发轫之初就具有明显的功能主义色彩。[1]东盟话语体系中的"功能性合作"在某种程度上正是对国际发展方面"能力建设"的创造性替代。1992年第4次东盟首脑会议提出人力资源发展、环境、打击跨国犯罪、预防传染病等11个领域的合作，而帮助东盟加强内部凝聚力是其"功能"维度之一。先易后难，东盟内部的功能性合作已超越东盟本身、外溢到其他地区。[2]比如，"10＋1"模式的开创者中国-东盟FTA，同样强调经济技术合作，已由双方《全面经济合作框架协议》中明确的农业、信息及通信技术、人力资源开发、投资、湄公河盆地开发5个优先领域，通过纳入交通、能源、文化、旅游、公共卫生、环境拓展为11个。再如，作为共同应对1997年东亚金融危机的产物，"10＋3"从经济金融合作起步并以其为重点，已覆盖包括政治和安全、环境、农村发展和减贫、文化和艺术、信息和媒体、教育在内的20多个领域，拥有67个不同级别的对话与合作机制。

尽管功能性合作并不能从根本上解决困扰亚洲区域经济一体化的政治隔阂与历史及其遗留的领土争端等问题，但还是能够通过官民并举、多元行为主体的协同参与[3]，强化共同利益，并使合作中的各个经济体更为真切地感受到一体化带来的实实在在的利益，对改善区域各经济体之间的政治与安全关系，进一步增强内部凝聚力，并率先在共同关注的领域突破制度障碍起到积极的促进作用。无论戴维·米特兰尼（David Mitrany）的扩展说，还是厄恩斯特·哈斯（Ernst B. Haas）的外溢论，均认为一个功能领域的合作会扩散、外溢到其他具有共同利益的功能领域，并通过合作过程中的学习增加信任、减少猜疑，推动合作态度

①③　贺平.区域性公共产品、功能性合作与日本的东亚外交[J].外交评论,2012, 6：112.
②　查道炯.南海地区功能性合作——中国的视角[J].中国-东盟研究,2017, 2：103—110.

的改变,从而在更大范围、更广领域展开更深入的合作。[①]

而共建"一带一路"以政策沟通、设施联通、贸易畅通、资金融通、民心相通为重点,既开展互联互通、产能、贸易投资领域的务实合作,也重视推动沿线国家间的人文交流。[②]随着"一带一路"倡议的不断落地实施和深入推进,亚洲区域范围的功能性合作势必进一步充实。建构主义认为,国家互动形成的共有知识建构国家身份,而国家身份决定利益认知和行为选择。[③]显然,在"命运共同体"意识的引领下,这种亚洲整体推进的全方位、宽领域、多层次的功能性合作,特别是其还与各自的发展战略对接、经济政策相协调,不但可以深化经济合作、缩小发展差距、推动共同发展、加深相互依赖和融合、认同并扩大共同利益,而且能够增进彼此之间的战略互信,并在"适度"人文交流的助力下产生相对较多的外溢效应及更进一步的合作动力,进而主动塑造并巩固和强化亚洲共同意识和身份认同,更为有效地协调利益分歧,减轻源于依赖加深的疑虑和猜忌,达成并增强对启动和深化区域一体化极为关键的政治共识,推动特定领域制度化安排的率先建立;而众多特定领域区域机制的重叠与拼接[④],又反过来进一步巩固并强化亚洲共同意识和身份认同。

二、新型合作模式进一步发展,互联互通基础性支撑作用不断增强

区域经济一体化可从特定平台入手。习近平曾将互联互通喻作"一带一路"这一亚洲腾飞的两只翅膀的血脉经络,建议以经济走廊为依托建立亚洲互联互通的基本框架,也曾强调促进基础设施建设和互联互通

---

① 梁林.功能性合作与约旦-以色列和平进程(1967—1994)[D].外交学院硕士学位论文,2005:3—5.

② 推进"一带一路"建设工作领导小组办公室.共建"一带一路":理念、实践与中国的贡献[N].法制日报,2017-05-11.

③ 阮建平,等.深化中国-东盟合作:从"利益共同体"到"命运共同体"的路径探析[J].南洋问题研究,2018,1:11.

④ 贺平.区域性公共产品与东亚的功能性合作——日本的实践及其启示[J].世界经济与政治,2012,1:47.

是共建"一带一路"倡议的核心内涵之一。①正是在共建"一带一路"的积极推动下,亚洲内陆地区依托国际大通道,以富有包容性的国际经济合作走廊为重要纽带、境外经贸合作区为关键节点、跨境电子商务为渠道拓展的新型合作模式得以进一步发展,互联互通对区域经济合作的基础性支撑作用和辐射效应继续增强,亚洲经济一体化也因此拥有更为强劲的新动力。

共建"一带一路"合作框架的重要组成部分新亚欧大陆桥、中蒙俄、中国-中亚-西亚、中国-中南半岛、中巴、孟中印缅6大国际经济合作走廊,扮演着率先合作、发挥示范效应、体现合作理念与成果的关键角色。其中,新亚欧大陆桥经济走廊建设所依托的中欧班列已初步形成西、中、东3条运输通道,仅2017年就开行3 271列,为此前6年的总和,②截至2018年8月26日,累计开行数量更是突破1万列,到达欧洲15个国家43个城市,"去三回二"、重箱率达85%,③成为沿途经济体促进互联互通、提升经贸合作水平的重要平台;而中国-中亚-西亚经济走廊建设要以能源合作为主轴,以基础设施建设、贸易和投资便利化为两翼④;孟中印缅经济走廊更是连接东亚、南亚、东南亚3大次区域。随着6大国际经济合作走廊建设的不断推进,不但沿线国家间的战略互信日渐增强,而且区域内经济要素流动程度、资源配置效率和市场融合深度得以更好地提高,其所产生的贸易创造、投资促进、产业聚集、空间溢出效应也将对区域价值链的构建与延伸、生产网络的完善与重构起到积极的促进作用,⑤并催生出保障其持续健康发展的制度建设需求,使区域经济一体化的构建拥有更为有利的基础条件和环境氛围。

---

① 习近平.联通引领发展 伙伴聚焦合作[N].人民日报,2014-11-09.习近平.抓住世界经济转型机遇谋求亚太更大发展[N].人民日报, 2017-11-11.
② 杨骏.全国中欧班列今年已开行3271班[N].重庆日报,2017-12-27.
③ 陆娅楠.一带一路,朋友多,路好走[N].人民日报,2018-08-28.
④ 习近平在2014年中国-阿拉伯国家合作论坛第六届部长级会议上提出。
⑤ 王金波.从走廊到区域经济一体化:"一带一路"经济走廊的形成机理与功能演进[J].国际经济合作,2017,2:9.

　　国际产能合作是共建"一带一路"的另一优先方向；要以投资带动贸易，合作建设境外经贸合作区，促进产业集群发展。中国与哈萨克斯坦、吉尔吉斯斯坦、格鲁吉亚、柬埔寨、越南、阿联酋、伊朗等国已分别签订关于加强产能合作的框架协议或谅解备忘录，《中国-东盟产能合作联合声明》《澜沧江-湄公河国家产能合作联合声明》也已发布，在已确认的通过中国商务部、财政部考核的 20 个国家级境外经贸合作区中，就有 14 个分布在亚洲区域（见表 8-3）。随着国际产能合作的不断推进，尤其境外经贸合作区建设成效的日渐显现，相关经济体的内部市场将进一步整合，进而促进各自优势产业的互动与升级，并释放出更大的市场潜力，以点带线、从线到面的辐射效应相应增强，使亚洲区域经济一体化的基础支撑得以进一步夯实。

表 8-3　通过确认考核的亚洲沿线境外经贸合作区

国　　家	合作区名称
柬埔寨	西哈努克港经济特区
老　挝	万象赛色塔综合开发区
越　南	龙江工业园
泰　国	泰中罗勇工业园
印度尼西亚	中国-印度尼西亚经贸合作区
	中国-印度尼西亚综合产业园区青山园区
	中国-印度尼西亚聚龙农业产业合作区
巴基斯坦	海尔-鲁巴经济区
吉尔吉斯斯坦	亚洲之星农业产业合作区
乌兹别克斯坦	"鹏盛"工业园
俄罗斯①	乌苏里斯克经贸合作区
	中俄托木斯克木材工贸合作区
	中俄（滨海边疆区）农业产业合作区
	龙跃林业经贸合作区

・资料来源：中国商务部《通过确认考核的境外经贸合作区名录》。

　　共建"一带一路"，要创新贸易方式，发展跨境电子商务。中国正积

---

① 俄罗斯不仅在远东地区拥有广袤疆域，还是东亚峰会和 APEC 的成员。

极推动建设"丝路电商"。除中国-东盟 FTA 升级相关议定书纳入"跨境电子商务"之外，中国-格鲁吉亚 FTA 在"第 12 章合作领域"中列明"电子商务"条款，中国-新加坡 FTA 升级议定书新增"电子商务"章节，已签署的中国-欧亚经济联盟经贸合作协议也有电子商务议题。到 2020 年，马来西亚、菲律宾、新加坡、泰国、越南、印度尼西亚 6 个东盟成员国的互联网用户合计将超过 4.8 亿。越南工贸部、柬埔寨商业部分别在 2017年与中国商务部签署《关于电子商务合作的谅解备忘录》。随着"丝路电商"行动计划的不断落实和跨境电商平台的不断建设，跨境电子商务贸易新业态将进一步快速发展，不但可以拓展贸易渠道，更为快捷地满足多样化、差异化的市场需求，而且能够减少中间环节、节省贸易成本，使更多的中小企业更好地参与国际贸易、开拓国际市场，自由贸易的市场潜力得以进一步释放，并推动相关经济体数字经济的发展和融入经济全球化，使区域经济一体化更具活力与动力。

三、FTA 网络进一步扩大，次区域制度性经济一体化不断加强

贸易畅通是共建"一带一路"的合作重点，需着力解决贸易投资便利化问题。而在共建"一带一路"国家/地区构建 FTA，毫无疑问能够相对便捷且更为有效地提升贸易投资自由化、便利化水平，营造开放、透明、稳定的营商环境。已有研究显示，共建"一带一路"亚欧国家的贸易便利化水平每提高 1%，区域内贸易流量将增加 1.49%，远超降低关税对双边贸易的促进作用。[①]

以"一带一路"重大倡议的发出者中国为例，其正在努力构建"一带一路"FTA 网络，已与 13 个沿线国家签署或升级 5 个自由贸易协定[②]。不仅对早在倡议发出前就已存在的中国-东盟、中国-新加坡 FTA 进行

---

① 孔庆峰等."一带一路"国家的贸易便利化水平测算与贸易潜力研究[J].国际贸易问题，2015，12：164.
② 陆娅楠.一带一路 5 年货物贸易额超 5 万亿美元[N].人民日报，2018-08-28.

升级,且中国-东盟 FTA 升级版已于 2016 年 7 月生效,中国-新加坡 FTA 升级谈判也已在 2018 年 11 月结束,签署的升级议定书更是首次纳入"一带一路"合作的内容;还在 2017 年 5 月、12 月与格鲁吉亚、马尔代夫分别签署自由贸易协定,且已于 2018 年 1 月生效的中国-格鲁吉亚 FTA 既是中国与欧亚地区国家签署的也是"一带一路"倡议发出后中国启动并达成的第 1 个 FTA,中国-马尔代夫 FTA 则是南亚国家马尔代夫签署的第 1 个双边 FTA。中国-斯里兰卡、中国-以色列、中国-巴勒斯坦 FTA 谈判分别在 2014 年 9 月、2016 年 3 月、2018 年 10 月正式启动,中国-海合会 FTA 谈判也于 2016 年 1 月正式恢复;中国-尼泊尔、中国-蒙古、中国-孟加拉国自由贸易协定联合可行性研究正在展开。此外,中国-巴基斯坦 FTA 于 2011 年 3 月启动第二阶段谈判,中国-韩国 FTA 第二阶段首轮谈判也已在 2018 年 3 月举行,中日韩 FTA 谈判截至 2018 年 3 月已举行 13 轮。与泛亚洲的新西兰、澳大利亚的自由贸易协定分别于 2008 年 1 月、2015 年 12 月生效,前者还在 2016 年 11 月宣布展开升级谈判。而中国-欧亚经济联盟经贸合作协议于 2018 年 5 月签署、中国-俄罗斯欧亚经济伙伴关系协定联合可行性研究在 2018 年 6 月完成,则在一定程度上意味着中亚次区域已迈出融入亚洲 FTA 网络最为关键的一步。

无论"轮轴-辐条"效应还是多米诺骨牌效应,中国构建"一带一路" FTA 网络对在亚洲范围内推进区域经济一体化相对较快的东亚经济体的示范意义毋庸置疑,尤其是对与之有着或多或少竞争关系的经济体而言。而随着"一带一路"亚洲沿线双边 FTA 的不断增加,亚洲 FTA 网络不断扩大,不但全方位、整体性推进态势愈加明显,而且制度性建设日渐强化;虽然看似有可能加剧亚洲区域经济一体化的碎片化,但更为重要的是,西亚、中亚以及南亚次区域的广大内陆国家,能够借此与区域经济一体化相对活跃的东亚次区域有机地联系在一起,有利于要素流动尤其是 FDI 的流入、产业转移尤其是价值链的延伸和贸易投资壁垒在亚洲更广泛区域的拆除，切实释放贸易潜力、扩大区域内贸易和投资，进而提供发展动力、创造发展空间，形成优势互补、利益交融、联动发展、互利共赢的局面，为存在显著多样化差异和次区域不同层次一体化机制的亚洲区域经济一体化的持续提高、包容性发展和未来整合奠定更为坚实的基础。

四、经济一体化的机制整合进一步展开，与命运共同体的互动之势不断加强

从一体化理论的角度讲，相邻两个区域性集团的劣势一方为避免处于受损境况，要么通过提高自身的一体化程度加强经济实力，要么寻求与强势一方的协调、合作甚至加入其中。[①]Peter Petri 等指出，当区域内双边和多边安排达到饱和时，自由化进程将促成它们的整合。[②]随着以双边 FTA 为代表的制度性经济一体化在亚洲区域内的全方位、多层次推进，亚洲区域经济一体化的机制整合逐步展开，整体的制度性经济一体化取得突破性进展的可能性相应增加。以东亚次区域经济一体化为例，东盟主导、中国积极推动的 RCEP 实质性谈判，有望于 2019 年底结束。作为 FTAAP 的可能路径，RCEP 的达成自然会对亚太区域经济一体化产生积极的推动作用。作为囊括亚洲最大市场、最具发展活力和潜力的经济体及最发达国家的 FTA，RCEP 是亚洲区域经济一体化毋庸置疑的重要支柱；其所拥有的开放加入条款和更具包容性的规则标准，也会对亚洲其他经济体产生相对较大的吸引力，有利于东亚次区域制度性经济一体化向亚洲其他区域的延伸和拓展，从而使亚洲更大范围区域经济一体化的机制整合成为可能。

亚洲命运共同体需要筑牢作为物质基础的利益共同体、安全保障的

① 王鹤.欧洲自由贸易联盟[M].北京：经济日报出版社，1994：87—88.
② 唐国强，等.亚太自由贸易区：路线图与优先任务[J].国际问题研究，2015，1：80.

责任共同体和二者连接纽带的人文共同体 3 根支柱[1],建立合作共赢的新型国际关系。一方面,其所倡导的相互尊重、公平正义、普惠包容、共同发展的理念和正确义利观,推动的政治安全合作、社会人文交流,致力的携手应对地区挑战、提供公共产品、解决发展不平衡的问题,以及由此所形成并不断增强的政治互信,使亚洲区域经济一体化深入推进与机制整合所必需的政治意愿相应提高;政治与经济相对平衡地双轮同步驱动、可能性+能动性,也意味着亚洲区域经济一体化机制整合的引擎更加强劲。另一方面,构建亚洲命运共同体尤其是利益共同体的重要途径是亚洲经济的融合。而亚洲经济一体化的机制整合,不但有助于亚洲区域经济合作水平、区域经济一体化利用效率的提升和域内统一大市场的形成,而且有利于优势互补、创造新的经济增长点、建立健全区域价值链,增强内生动力、减轻外部依赖、实现利益深度融合,进而合力推动区域共同发展,促进命运共同体建设。

尤为重要的是,亚洲命运共同体和亚洲区域经济一体化机制整合的互动发展,能够使亚洲区域经济一体化在迈向亚洲命运共同体的目标的引领下,依托已融入并切实落实命运共同体理念的"一带一路"建设所提供的新路径、新动力、新机遇,超越从贸易投资自由化便利化入手、强调规则先行的封闭而排他的传统区域经济一体化,积极推进更适合亚洲特点且经济融合亟需的互联互通与产能合作,特别是更好地契合亚洲广大经济体的利益诉求、被视为区域经济融合发展基本条件的基础设施的互联互通,夯实经济一体化的基础"硬"件;战略对接、政策沟通、项目主导、潜力释放,亚洲经济一体化得以在既有制度性经济一体化的基础上,通过开放包容的新型合作模式,进一步提高制度性经济一体化的水平、推进其整合力度,更为有效地迈向新阶段。需要强调的有三点:一是将可能转化为现实并非易事,既需要相对较长的时间又需要付出相对

---

① 刘振民.为构建亚洲命运共同体营造和平稳定的地区环境[J].国际问题研究,2015,1:12.

更多的精力，而从易到难、由点及面，以双边促多边、从次区域逐步拓展，是极具可行性的路径。二是就亚洲的现实发展和多样化特点而言，不同层次 FTA 的构建、多种区域经济合作机制的并存，即区域经济一体化制度性安排的多层次性和相互补充、协同发展，极为必要并将长期化。三是除包容性、开放性外，还应尽可能加强 FTA 之间的协调，并对有关条款加以必要的规范化，以相对较好地规避"意大利面碗"效应，为机制整合创造相对更好的条件。

参考文献

［ 1 ］［德］贡德·弗兰克.白银资本:重视经济全球化中的东方［M］.刘北成,译.北京:中央编译出版社,2011.

［ 2 ］［加］蒙代尔.汇率与最优货币区:蒙代尔经济学文集5［M］.向松祚,译.北京:中国金融出版社,2003.

［ 3 ］［美］阿伦·弗里德伯格.中美亚洲大博弈［M］.北京:新华出版社,2012.

［ 4 ］［美］塞缪尔·亨廷顿.文明的冲突与世界秩序的重建［M］.周琪,等,译.北京:新华出版社,2010.

［ 5 ］ADB. Asia 2050-Realizing the Asian Century［M］. India: Sage Publications, 2012.

［ 6 ］Asian Development Bank and Asian Development Bank Institute. Infrastructure for a Seamless Asia［R］. Tokyo: Asian Development Bank Institute, 2009.

［ 7 ］Asian Development Bank. Meeting ASIA's Infrastructure Needs［R］. Manila: Asian Development Bank, 2017.

［ 8 ］Baier S. L, Bergstrand J. H. Economic determinants of free trade agreements［J］. Journal of international Economics, 2004, 64(1).

［ 9 ］Balassa B. The Theory of Economic Integration［J］. Homewood, IL: Richard D. Irwin, 1961.

［10］Deniau J. F. The Common Market: its structure and planning［J］. New York: Frederick Praeger, 1960.

［11］Dimson, Elroy, Paul Marsh, Mike Staunton. The Credit Suisse Global Investment Returns Yearbook 2017（Summary Edition）

[R]. Credit Suisse Research Institute, 2017.

[12] Grossman G. M., Helpman E. V The Politics of Free'Trade Agreements [J]. V American Economic Review, 1995, 85(4).

[13] International Monetary Fund. World Economic Outlook: Seeking Sustainable Growth, Short-Term Recovery, Long-Term Challenges [R]. Washington, DC: International Monetary Fund, October 2017.

[14] Krugman P. The move toward free trade zones [J]. Economic Review-Federal Reserve Bank of Kansas City, 1991, 76(6).

[15] Linder S. B. The Pacific century: economic and political consequences of Asian-Pacific dynamism [M]. Stanford University Press, 1986.

[16] Markusen J. R., Robson A. J. Simple general equilibrium and trade with a monopsonized sector [J]. Canadian Journal of Economics, 1980.

[17] Meade J. E. The theory of customs unions [M]. North-Holland Publishing Company, 1955.

[18] Mundell R. International Economics, New York, 1968 [J]. Mundell International Economics, 1968.

[19] Storper M., Scott A. J. The wealth of regions: market forces and policy imperatives in local and global context [J]. Futures, 1995, 27(5).

[20] Tinbergen J. International economic integration [J]. Books (Jan Tinbergen), 1954.

[21] Viner J. The Customs Union Issue. Carnegie Endowment for International Peace [J]. New York, 1950.

[22] 安蓓."一带一路"签署百份国际合作文件[N].人民日报海外版, 2017-12-25.

［23］博鳌亚洲论坛.亚洲经济一体化进程 2012 年度报告［R］.北京：对外经济贸易大学出版社，2012.

［24］博鳌亚洲论坛.亚洲经济一体化进程 2017 年度报告［R］.北京：对外经济贸易大学出版社，2017.

［25］博鳌亚洲论坛.亚洲经济一体化进程 2018 年度报告［R］.北京：对外经济贸易大学出版社，2018.

［26］曾培炎.在经济全球化调整中深化亚洲区域合作［J］.全球化，2017，9.

［27］查道炯.南海地区功能性合作——中国的视角［J］.中国-东盟研究，2017，2.

［28］陈波.努力让上海原油期货成为"一带一路"深度合作的推动力［EB/OL］.和讯期货，2018-05-29. http://futures.hexun.com/2018-05-29/193103440.html.

［29］陈彩云，陈积敏.经济全球化的中国角色［N］.学习时报，2017-12-25.

［30］陈凤英.G20 杭州峰会：全球经济治理转型新起点［J］.当代世界，2016，8.

［31］陈光.亚太自贸区建设迈出重要一步［N］.国际商报，2016-11-22.

［32］崔日明，包艳.建立中日韩自由贸易区的路径选择［J］.亚非纵横，2017，2.

［33］范黎波，施屹舟.理性看待和正确应对"逆全球化"现象［N］.光明日报，2017-04-02.

［34］方敏.WTO 总干事赞赏全球电子商务平台倡议［N］.人民日报，2016-09-07.

［35］高祖贵.亚洲整体性崛起及其效应［J］.国际问题研究，2014，4.

［36］国务院新闻办公室.中国的和平发展［N］.光明日报，2011-09-07.

［37］韩墨."一带一路"与"杭州共识"琴瑟和鸣［EB/OL］.新华网，2016-09-

07. http://www.xinhuanet.com/fortune/2016-09/07/c_1119527625.htm.

[38] 和佳.亚投行这两年:重塑全球经济治理体系 为新兴经济体代言[N].21世纪经济报道,2018-01-16.

[39] 贺平.区域性公共产品、功能性合作与日本的东亚外交[J].外交评论,2012,6.

[40] 侯典芹.G20峰会机制化与发展中国家[J].理论月刊,2012,4.

[41] 侯巍,王雷涛,黄红锦.先进技术助力中国东盟水果贸易通关能力提升[EB/OL].新华社.http://www.gx.xinhuanet.com/news-center/20161107/3518978_c.html.

[42] 郝薇薇,等."历史是勇敢者创造的"——记习近平主席出席世界经济论坛2017年年会并访问在瑞士的国际组织[N].人民日报,2017-01-20.

[43] 胡锦涛.坚定不移沿着中国特色社会主义道路前进 为全面建成小康社会而奋斗[N].人民日报,2012-11-18.

[44] 贾格迪什·巴格沃蒂,许平祥.多哈回合"死亡"了吗?[J].国际经济评论,2014,1.

[45] 康永信.亚太经济一体化发展动态与中国FTA战略[J].未来与发展,2016,12.

[46] 孔庆峰,等."一带一路"国家的贸易便利化水平测算与贸易潜力研究[J].国际贸易问题,2015,12.

[47] 匡增杰.亚太经济一体化发展动态及中国的参与战略[J].上海对外经贸大学学报,2014,2.

[48] 雷蒙.内罗毕会议翻开WTO历史新篇章[J].WTO研究导刊,2016年第1期。

[49] 李建平."一带一路"加速亚洲经济一体化进程[EB/OL].新华丝路网,2016-03-01.http://silkroad.news.cn/2016/0301/18565.shtml.

［50］李克强.共同开创亚洲发展新未来[N].人民日报,2014-04-11.

［51］李克强.在第二十一次东盟与中日韩领导人会议上的讲话[N].人民日报,2018-11-16.

［52］李向阳.人类命运共同体理念指引全球治理改革方向[N].人民日报,2017-03-08.

［53］李昕.中国理念推动全球投资协定调整[N].人民日报,2016-08-08.

［54］李琰,孟祥麟.中国智慧推动全球经济治理改革[N].人民日报,2016-06-17.

［55］梁林.功能性合作与约旦-以色列和平进程(1967—1994)[D].外交学院硕士学位论文,2005.

［56］廖勤,宰飞.匹兹堡峰会未能"破题"贸易保护[N].解放日报,2009-09-27.

［57］刘澈元,刘祯.东亚经济一体化进程中的中国角色与国内市场一体化——以新地区主义经济范式为观照视角[J].经济体制改革,2007,4.

［58］刘明,马琼."一带一路"倡议最终目标:打造人类命运共同体[J].环球,2017,16.

［59］刘卫东.以"包容性全球化"解读"一带一路"[N].中国青年报,2017-02-13.

［60］刘贞晔.中国参与全球治理的历程与国家利益分析[J].学习与探索,2015,9.

［61］刘振民.坚持合作共赢　携手打造亚洲命运共同体[J].国际问题研究,2014,2.

［62］刘振民.为构建亚洲命运共同体营造和平稳定的地区环境[J].国际问题研究,2015,1.

［63］陆建人.论亚洲经济一体化[J].当代亚太,2006,5.

［64］陆娅楠.一带一路,朋友多、路好走[N].人民日报,2018-08-28.

［65］陆雄文.管理学大辞典［M］.上海：上海辞书出版社，2013.

［66］罗江."一带一路"推动亚洲区域经济一体化逆势发展［EB/OL］.新华网，2018-04-08. http://www.xinhuanet.com/world/2018-04/08/c_1122651017.htm.

［67］马静舒."五通"正成为"一带一路"建设的强大助推器［EB/OL］.中国网，2017-05-05. http://opinion.china.com.cn/opinion_14_164514.html.

［68］马述忠，等.双边自由贸易区热的政治经济学分析——一个新区域主义视角［J］.世界经济研究，2007，10.

［69］毛新雅."一带一路"开创全球经济开放发展新格局［N］.人民日报，2017-11-28.

［70］倪月菊.博鳌春风，带来亚洲经济一体化新时代［EB/OL］.海外网，2018-04-07. http://opinion.haiwainet.cn/n/2018/0407/c353596-31293290.html.

［71］漆莉.RCEP：中国推进东亚经济合作的机遇与对策［J］.亚太经济，2013，1.

［72］祁月."多哈回合"已死？WTO面临十年来最大挑战［EB/OL］.华尔街要闻，2015-12-21. https://wallstreetcn.com/articles/227672.

［73］权衡.经济全球化发展：实践困境与理论反思［J］.复旦学报（社会科学版），2017，6.

［74］权衡.亚洲经济崛起具有全球意义［N］.人民日报，2015-07-17.

［75］全毅.TPP和RCEP博弈背景下的亚太自贸区前景［J］.和平与发展，2014，5.

［76］阮建平，等.深化中国-东盟合作：从"利益共同体"到"命运共同体"的路径探析［J］.南洋问题研究，2018，1.

［77］沈铭辉.亚太区域双轨竞争性合作：趋势、特征与战略应对［J］.国际经济合作，2016，3.

[78] 盛斌,王璐瑶.全球经济治理中的中国角色与贡献[J].江海学刊, 2017,1.

[79] 盛斌.G20 杭州峰会:开启全球投资贸易合作新时代[J].国际贸易,2016,9.

[80] 盛玮.推动构建更加开放的亚太经济[EB/OL].求是网,2016-11-21. http://www. qstheory. cn/wp/2016-11/21/c＿1119950039. htm.

[81] 唐国强,等.亚太自由贸易区:路线图与优先任务[J].国际问题研究,2015,1.

[82] 田原.迈向更加紧密的中国-东盟命运共同体[N].经济日报,2018-05-03.

[83] 推进"一带一路"建设工作领导小组办公室.共建"一带一路":理念、实践与中国的贡献[N].法制日报,2017-05-11.

[84] 王鹤.欧洲自由贸易联盟[M].北京:经济日报出版社,1994.

[85] 王辉耀,苗绿,等.FTAAP:后 TPP 时代的最佳选择?[N].社会科学报,2017-01-29.

[86] 王金波.从走廊到区域经济一体化:"一带一路"经济走廊的形成机理与功能演进[J].国际经济合作,2017,2.

[87] 王金波.亚太区域经济一体化的路径选择——基于经济结构的分析[J].国际经济合作,2016,11.

[88] 王军.亚洲经济一体化是破解贸易保护主义利器[N].上海证券报,2018-04-10.

[89] 王义桅."一带一路"打造世界经济新引擎[N].光明日报,2016-03-18.

[90] 王义桅."一带一路"推动包容性增长[N].人民日报,2016-09-07.

[91] 王毅.携手打造人类命运共同体[N].人民日报,2016-05-31.

[92] 乌东峰."一带一路"的三个共同体建设[N].人民日报,2015-09-22.

[93] 吴润生,杨长湧.经济全球化面临四个重大挑战[N].经济日报,

2017-03-17.

[94] 吴泽林.近年中国学界关于东亚一体化的研究述评[J].现代国际关系,2015,10.

[95] 习近平.共同创造亚洲和世界的美好未来[N].人民日报,2013-04-08.

[96] 习近平.共同构建人类命运共同体[N].人民日报,2017-01-20.

[97] 习近平.开辟合作新起点　谋求发展新动力[N].人民日报,2017-05-16.

[98] 习近平.联通引领发展　伙伴聚焦合作[N].人民日报,2014-11-09.

[99] 习近平.迈向命运共同体　开创亚洲新未来[N].人民日报,2015-03-29.

[100] 习近平.携手构建合作共赢新伙伴　同心打造人类命运共同体[N].人民日报,2015-09-29.

[101] 习近平.在"一带一路"国际合作高峰论坛圆桌峰会上的闭幕辞[N].人民日报,2017-05-16.

[102] 习近平.开放共创繁荣　创新引领未来——在博鳌亚洲论坛2018年年会开幕式上的主旨演讲[N].人民日报,2018-04-11.

[103] 习近平.抓住世界经济转型机遇　谋求亚太更大发展[N].人民日报,2017-11-11.

[104] 习近平.登高望远,牢牢把握世界经济正确方向[N].人民日报,2018-12-01.

[105] 项梦曦.多边贸易体制正在经历风雨考验[N].金融时报,2018-04-12.

[106] 徐步."一带一路"倡议给东盟国家带来的新机遇[EB/OL].中国外交部官网,2017-09-26. http://www.fmprc.gov.cn/web/dszlsjt_673036/t1496974.shtml.

[107] 徐惠喜."一带一路"助力构建亚洲命运共同体[N].经济日报,2016-12-15.

[108] 徐长文.建立中日韩自贸区促进亚洲一体化进程[J].国际贸易,

2013, 4.

[109] 严深春.路在何方？贸易保护主义威胁下东亚经济共同体的机遇和挑战[N].澎湃新闻,2018-8-8.

[110] 杨景春.G20 对全球贸易投资规则的影响与中国的对策[J].新西部·中旬刊,2016,10.

[111] 杨骏.全国中欧班列今年已开行 3271 班[N].重庆日报,2017-12-27.

[112] 杨小刚.亚洲经济一体化面临挑战　区域内中间品贸易大幅下降[N].第一财经日报,2017-03-24.

[113] 杨秀萍.创新促合作　发展谋新篇——构建更为紧密的中国-东盟命运共同体[N].人民日报,2018-02-07.

[114] 姚玲.欧盟在中欧投资协定谈判中的诉求[J].对外经贸实务,2014,10.

[115] 佚名."一带一路"的含义及时代背景[EB/OL].新华网,2017-04-25. http://www.xinhuanet.com/local/2017-04/25/c_129569856.htm.

[116] 佚名.亚洲经济一体化面临"三座大山"[N].长江商报,2014-09-10.

[117] 于军,王发龙.全球治理的制度困境与中国的战略选择[J].行政管理改革,2016,12.

[118] 于潇,孙悦.逆全球化对亚太经济一体化的冲击与中国方案[J].南开学报(哲学社会科学版),2017,6.

[119] 张彬,张菲.RCEP 的进展、障碍及中国的策略选择[J].南开学报(哲学社会科学版),2016,6.

[120] 张春晓.东盟共同体昨日成立.广州日报,2016-01-01.

[121] 张斐然.RCEP 谈判迎来"临门一脚"[N].人民日报海外版,2018-11-24.

[122] 张骥,等.国际政治文化学导论[M].北京:世界知识出版社,2005.

[123] 张锐.RCEP 谈判为何一拖再拖？[N].联合早报,2017-09-26.

[124] 张燕生.新时代要提高中国参与全球经济治理的能力[N].光明日报,2017-10-26.

[125] 张玉环."一带一路"——落实杭州共识的重要支点[N].解放军报,2016-09-25.

[126] 张玉胜.迈向"亚洲命运共同体"的中国宣言[EB/OL]新华网,2015-03-28. http://www.xinhuanet.com/comments/2015-03/28/c_1114794365.htm.

[127] 张蕴岭.亚太经济一体化的进程与前景[J].国际经济合作,2017, 7.

[128] 赵超等.坚持对话协商共建共享合作共赢交流互鉴 推动共建"一带一路"走深走实造福人民[N].人民日报,2018-08-28.

[129] 赵江林.21 世纪海上丝绸之路:目标构想、实施基础与对策研究[M].北京:社会科学文献出版社,2015.

[130] 赵觉理.三国经济角色互换,世界贸易环境有变——中日韩 FTA重回快车道[N].环球时报,2018-12-10.

[131] 郑树坚、赵海军.湛江检验检疫局多措并举助力湛江东盟贸易通关便利[EB/OL].中国经济网.http://district.ce.cn/newarea/roll/201708/17/t20170817_25068155.shtml.

[132] 中国商务部.驱动经济一体化 促进包容性发展——《区域全面经济伙伴关系协定》(RCEP)谈判领导人联合声明[EB/OL].中国自由贸易区服务网.http://fta.mofcom.gov.cn/article/zhengwugk/201711/36157_1.html.

[133] 宗赫.巴新 APEC 峰会取得五方面经贸成果[N].中国贸易报,2018-11-20.

[134] 周锐.G20"杭州共识"给世界经济带来四大利好[EB/OL].中国新闻网, 2016-09-06. http://www.chinanews.com/cj/2016/09-06/7995402.shtml.

后　记

当前,逆全球化思潮暗流涌动,经济全球化进程遭遇波折,但全球范围内的区域经济一体化发展势头正盛。特别是亚洲地区各经济体以更加积极的姿态参与到区域经济一体化合作进程之中,掀起了新一轮区域经济合作的高潮。作为全球最具发展潜力和活力的地区,亚洲区域经济一体化对推动世界经济的全球化发展具有重要意义。

需要指出的是,2008 年的全球金融危机给亚洲经济发展带来了诸多新的挑战,以往的开放模式及经济发展方式难以为继,贸易保护主义和反全球化势力抬头更使亚洲区域合作与一体化面临诸多障碍。在此背景下,G20 杭州共识为促进亚洲经济一体化新发展提出了中国方案,而"一带一路"建设既是落实杭州共识的重要支点,也为推动亚洲经济一体化进程注入了新动力与新活力。

基于经济全球化遭遇困境、逆全球化潮流兴起的新形势与新背景,本书全面梳理了亚洲经济一体化的实践现状与发展动态,深入分析杭州G20 共识、"一带一路"倡议对于亚洲经济一体化的价值和意义,探讨中国在亚洲经济一体化进程中的角色、作用及战略选择,并对亚洲经济一体化的发展趋势、方向及前景加以展望和分析。

本书是由上海社会科学院世界经济研究所国别与区域经济研究室集体撰写。全书写作分工如下:第一章,盛垒;第二章和第三章,智艳;第四章,姜云飞;第五章,盛九元;第六章,罗海蓉和盛垒;第七章和第八章,张天桂。全书的统稿和审校定稿由盛垒完成。

本书在撰写过程中得到了本院诸多同事和专家的指导和支持,上海社会科学院出版社的编校人员为本书的完善付出了许多辛劳,在此一并表示感谢。当然本书的一切文责由本研究团队负责。由于我们水平有限，书中难免有纰漏和不足之处，敬请各位专家和广大读者批评指教，以便我们在今后的研究中进一步完善。

本书编写组

于上海社会科学院

2019 年 7 月 15 日

图书在版编目(CIP)数据

G20 杭州共识与"一带一路"倡议背景下亚洲经济一
体化新发展/盛垒等著.—上海:上海社会科学院出
版社,2019
　ISBN 978 - 7 - 5520 - 2877 - 5

　Ⅰ.①G…　Ⅱ.①盛…　Ⅲ.①经济一体化—研究—亚
洲　Ⅳ.①F13

中国版本图书馆 CIP 数据核字(2019)第 157012 号

**G20 杭州共识与"一带一路"倡议背景下亚洲经济
一体化新发展**

著　　者:盛　垒 等
责任编辑:王　勤
封面设计:陆红强
出版发行:上海社会科学院出版社
　　　　　上海顺昌路 622 号　邮编 200025
　　　　　电话总机 021 - 63315947　销售热线 021 - 53063735
　　　　　http://www.sassp.org.cn　E-mail:sassp@sassp.cn
照　　排:南京理工出版信息技术有限公司
印　　刷:上海颛辉印刷厂
开　　本:710×1010 毫米　1/16 开
印　　张:13.5
插　　页:1
字　　数:174 千字
版　　次:2019 年 8 月第 1 版　2019 年 8 月第 1 次印刷

ISBN 978 - 7 - 5520 - 2877 - 5/F · 579　　　　　定价:79.80 元